행복티켓 판매소

행복티켓 판매소

초판 1쇄 인쇄 2018년 12월 19일
초판 1쇄 발행 2018년 12월 21일

지은이 | 백인호
펴낸이 | 김경옥
디자인 | 류요한
펴낸곳 | 도서출판 온북스

등록번호 | 제 312-2003-000042호
등록일 | 2003년 8월 14일
주소 | 서울시 은평구 은평로 194-6, 502호
전화 | 02-2263-0360
팩스 | 02-2274-4602

ISBN 978-89-92364-78-2 03810

행복티켓 판매소

백인호 지음

온북스
ONBOOKS

| 서 론 |

행복은 현재에도 진화하고 있다.
인류는 수천 년 동안 행복을 개념화 하려고 노력하고 있다.
하지만 누구도 확고부동한 개념을 내놓지 못하고 있다.
행복은 쉽고 가까운 것 같지만 그렇지만은 않다.
행복하게 사는데 방식이 있는가.
어떻게 사는 것이 행복한가.
인류는 한때 행복에 접근할 수 없는 시대에 살았다.
중세시대, 가깝게는 전근대까지도 행복은 배급제 시스템이었다.
왕이나 지배계급들이 행복을 독점하면서 일반 시민들에게 행복을 시혜적으로 조금씩 나눠주었던 것이다.
현대는 행복을 자유시장에서 누구나 손쉽게 살 수 있는 좋은 시스템에서 살고 있다.

그런데도 현대를 행복 기근 시대 · 행복 피로 시대라고 말한다.

시대는 부유해졌는데 행복은 기근 현상을 보이고 있는 것이다.

행복 아이러니다.

일부 학자들은 우리들이 행복을 오해하고 있다고 말한다.

하버드대 탈벤샤타르 교수는 행복은 은행 잔고의 상태가 아니라 대체로 마음의 상태에 달렸다고 말한다.

되도록 감사의 뜻을 표하라고 충고한다.

그는 행복의 가장 중요한 원천은 여러분 옆에 앉아있는 사람일지 모른다고 말하고 있다.

행복티켓 구매 여행을 함께 떠나보자.

| 차 례 |

행복티켓 판매소 I

행복티켓 판매소 I

1

끝이 보이지 않는
줄 서 있는 사람들
언제부터 시작했는지
새벽부터인가
아니면 더 이른 시간
부터인가
사람들은 행복티켓을
구입하려
판매소가
문 열기를 기다린다.

2

판매소 문에

붙어있는
티켓 목록
작은 글씨로 빼곡히 적혀 있어
하도 많아 세기도 힘들다.
행복티켓 종류가
이렇게 많은지
티켓 사는데
원하는 것을
고르기도 어렵겠다.

3

행렬의 뒷사람 B 씨는
앞 A 씨에게 묻는다.
행복을 사려는 사람이
왜 이렇게 많은가요.
그거야
누구나 행복을
좋아하기 때문이겠죠.
행복이 어떻게 좋은데요.

티켓을 사봐야
알지요.

4

아무에게나
티켓을 파나요.
무슨 자격이 있어야
하나요.
B 씨는 질문을 계속한다.
나는 부유하지도 않고
남이 부러워하는
직위도 없는데
A 씨는 대답한다.
아마 티켓 사는데
무슨 제한은
없을 거요.

5

이조시대도 티켓 판매소가 있었나요?
B 씨 질문이다.
이조 시대라고 행복이
없었겠습니까.
인류가 사회라는 조직을
만든 이후
행복이 없었던 시대나
사회는 없었지요.
A 씨 대답이다.
그 이전에도 티켓 판매소가
있었겠네요.
B 씨의 질문
물론이죠.
중세 거슬러 올라가
기원전, 원시 시대도
있었겠죠.
A 씨 대답이다.

6

기원전 2500년, 그러니까
4500년 전에도
행복이란 말이 등장합니다.
메소포타미아 근방에
수메르족 왕국의 영웅
길가메시는 정복 전쟁에서
승리, 개선장군으로
돌아옵니다.
그리고 신에게 자기 소원을 말합니다.
영원한 행복을 달라는 것입니다.
그 시대에도 행복은 가장
갖고 싶어 하는 것이었습니다.
이야기는 조금 더 계속됩니다.
A 씨는 말을 이어간다.
신은 길가메시에게
예쁜 꽃 한 송이를 주면서
이것이 행복이니 소중하게
간직하라고 합니다.
길가메시는 기뻐하면서

피곤을 풀기 위해 간 목욕탕
안에까지 꽃을 들고 가
탕 안에다 놓고 목욕을 합니다.
그런데 뜻밖에 뱀이 나타나
그 꽃을 물고 달아나 버립니다.
길가메시는 신에게 다시 꽃을 줄 것을 요청합니다.
신은 이야기 합니다.
고향에 내려가 친구들하고
노래하고 술 마시고
그리고 모든 것을 사랑하라
그것이 행복이다.
A 씨는 이야기를 끝낸다.
뱀은 꼭 그런 때마다 나타나
아담과 이브에서도 그렇고
B 씨의 혼잣말이다.

7

원시인들도 행복을 가졌다니 놀랍네요.
그 시대의 행복은 어떤 것이었나요.

B 씨의 질문이다.
고고학자들이 연구하고 있는 중이지요.
아직 확실한 해답을 찾지 못한 것 같아요.
그동안 수많은 화석들을
발굴했지만
그들이 행복했다는 흔적은
발표되지 않았습니다.
이렇게는 상상할 수 있지요.
수렵채집이 그들의 생활
전부였으니까.
어느 날 기름진 사슴 한 마리를
사냥. 부족끼리 저녁을 하는
순간이 그들의 행복이 아닐까요.
A 씨 대답이다.
그렇긴 한데
그때 누가 고기를 나눠줬을까요?
부족 전원이 만족할 수 있게
B 씨는 질문한다.

8

답변이 쉽지 않네요.
무슨 원칙 같은 것이 있겠는데
사자들이 먹잇감을 잡았을 때
우르르 달려들지만
수사자부터 먼저 먹고 나서
순서대로 배를 채우는데
원시인들은 동물과는
달랐을 것은 확실합니다.
그때도 기여의 원칙이 있었을까요.
사냥할 때 치명적인 펀치를 날린 사람을 우선하는
나이순일까요.
어린애들이 먼저일지
아니면 병약한 사람,
걷지를 잘 못 하는 장애가
있는 사람일지
상상이 어렵네요.
A 씨 말이다.
원시시대부터도
분배 문제가 행복을 해칠 수도 있겠네요.

기름진 사슴을 사냥한 것이
잘못이었나?
B 씨의 혼잣말이다.

9

중세나 이조시대 행복티켓은 어떻게 유통됐나요?
B 씨 질문이다.
자유판매 시스템은 아니었죠.
배급제였죠.
배급제란 원래 나눠줄 수량이 한정돼있을 때 하는 거죠.
A 씨 대답이다.
그 시대는 행복이
그렇게 부족했나요.
B 씨는 다시 묻는다.
부족하기보다는
몇몇 사람이 독점했던 거죠.
군주나 대장원의 영주들이죠.
이조의 경우 왕이나 사대부들입니다.
이조 때 행복티켓은 이름난

산이나 강을 찾아 풍류를
즐기거나 기생들이 돌보는
잔치가 주였지요.
양민이나 하인, 노비들에게
그런 티켓이 배급되기 어려웠지요.
A 씨 설명이다.

10

중인, 하인, 노비들이
지배계급으로부터 받은 것은 무엇이었나요?
B 씨 질문이다.
노동의 댓가인 임금이 없었던 것은 분명합니다.
기록에 봉급일이 없습니다.
10년, 20년 정년퇴직도 없습니다.
더러 좀 더 너그러운 권문세도가는 특별티켓을 준 기록은 있습니다.
하인들이 받은 행복티켓은
추석 때 떡 한두 접시, 부침개 몇 개, 멀건 고깃국이지요.
무명옷 한 벌을 배급받으면

최고급입니다.
A 씨의 설명이다.

11

중인, 노비들은 어떻게 생존해 왔나요?
B 씨의 질문이다.
이조나 고려 시대는 농경사회죠.
농업이 주산업입니다.
농지, 논이나 밭을 가져야만
생존 가능합니다.
그러나 모든 논밭은 기득권층이 소유한 거죠.
A 씨 대답이다.
퀴즈 같네요.
쌀과 보리를 생산할 땅이 없으면서도 굶어 죽지 안 했으니까요.
B 씨 말이다.
미스터리 같은 이야기죠.
기득권층은 소작 농업을
창안한 것입니다.

땅을 빌려주면서 하층민이
농사를 대신 짓게 한 것입니다.
이것은 동서양 동일합니다.
농민들이 받는 소작료 비율이 관심사입니다.
비참한 수준이었지요.
소작인들은 더러 목숨 내놓고 항거했죠.
역사적 사건들이 많았습니다.
우리 동학란이나 러시아 농민혁명이 그것입니다.
A 씨 설명이다.

12

행복티켓 자유 판매제는 언제부터였나요?
B 씨의 질문이다.
오래되지 않았습니다.
답하기 전에 그간 역사의
흐름을 잠시 볼 필요가 있습니다.
유럽에서 프랑스 농민혁명으로 지배구조가 바뀌어
왕정이 붕괴되고 공화정이 됐지요.
행복티켓의 배급 주체가

지배계급에서 시장으로
바뀐 것입니다.
영국에서는 애덤 스미스 이후 자본주의 자유시장이 형성된 것입니다.
그러니까 200년 전 일이지요.

13

조선은 어떻게 됐나요?
B 씨의 질문이다.
조선은 역사가 좀 복잡합니다.
대한제국이 망해서 양반계급이 몰락했지만
일본 제국에 강점되어
그들이 지배계급이 된 거죠.
잘 알다시피 그들이 운영한
티켓 판매소는 잔인한 것이었죠.
그들은 배급제가 아닌 강제 배급 시스템을 도입했죠.
티켓을 나눠주는 것이 아니라 모조리 거둬드렸죠.
공출이라는 명목이었죠.
티켓을 내놓지 못하면 감옥에 갇히기까지 했죠.

행복이라는 단어는 없고
지옥이었죠.
A 씨 설명이다.

14

이야기 들었습니다.
당시 꽤 여유있게 살았다는 C 씨 조부가
쌀과 보리 공출을 다 못 내
주재소에 끌려가 심한 고문을 당하고 감옥에 갔다는
B 씨 이야기다.
그뿐 아니죠.
순사들이 불시에 들이닥쳐
가택 수색을 하고 유기그릇을 압수하고 장롱까지
뒤지기도 했습니다.
물론 판사가 발행한 압수수색 영장 같은 것은 없었지요.
암흑시대였습니다.
A 씨는 탄식했다.

15

그러니까 한국에는 행복 자유판매 시스템이
언제부터 시작됐나요?
B 씨 질문이다.
최근의 일이지요.
정확히 말하면 1945년 8월 15일이지요.
일제가 패망, 지배계급의 지위를 상실하는 순간입니다.
한국인들은 압제에서 벗어나 자유를 획득하면서
행복도 되찾은 거죠.
천운이었죠.
불과 70년 전 일입니다.
이 땅에 살고 있는 70세 이상 분들은
그 의미를 더 선명하게 알고 있을 것입니다.
물론 70세 이하 세대들이
이를 알지 못한다는 말은 아닙니다.

16

서구에 비해 우리는 자유판매 시스템이 꽤 늦었네요.

B 씨 말이다.
그럼요.
서구의 자유판매 시장 형성이 대략 200년 전이니까.
130년쯤 늦었죠.
이것은 우리 선조들이
그만큼 긴 시간 동안 질곡의
삶을 살았다는 이야깁니다.
먼 시간 전의 일이 아니고
바로 우리 조부의 이야깁니다.
A 씨 대답에 울분이 섞인 것 같다.

17

우리가 행복 주권을 가질 수
있었던 게 천운이라 하셨는데
B 씨는 반문하려 한다.
역사적으로 볼 때 그렇다는 것입니다.
정말 아슬아슬하게 대한민국이 지도에 다시 나타난 것
입니다.
1910년 이후 우리는 국적을 상실한,

조국이 없는 집시였죠.
21세기 현재도 무국적이거나 독립하려
투쟁하는 사람들이 있습니다.
미얀마의 로힝야족, 이라크의 쿠르드족, 스페인의
카탈루냐 사람들입니다.
이들은 짓밟히고 있으며
행복티켓은 꿈도 못 꿉니다.
A 씨 설명이다.

18

우리는 광복의 순간 행복티켓이 손에 들어온 것 같지만
사실 시간이 더 걸렸습니다.
미 군정이 실시된 45년부터
48년까지 3년간이 그것이었습니다.
이 3년간은 어마어마한 것이었습니다.
모든 것이 새로 시작하는 대변혁기였습니다.
한국 사람들은 단군 이래 자유라는 것을
처음으로 맛보게 되는 것입니다.
무엇이든지 원하는 대로 할 수 있고

어디든 여행할 수 있고 맛있는 음식도 얼마든지
찾아먹을 수 있게 된 것입니다.
A 씨는 약간 흥분한다.
미 군정 3년이 유토피아였나요?
B 씨의 질문이다.
그에 대해서는 다음에 이야기하죠.
A 씨 답이다.

19

지난 5000년 동안의 모든 속박에서 벗어난 건 사실입니다.
미 군정 3년 동안 밀려들어 온
외래 문명은 핵폭탄급이었습니다.
정치, 경제, 문화, 사회, 종교,
윤리, 교육 등 모든 분야를
송두리째 바꿨습니다.
새로운 문화 탄생이라고
할 수 있습니다.
A 씨 설명이다.

이 땅에 밀려온 변화가
우리에게 행복티켓을
나눠 줬나요?
B 씨는 묻는다.

20

인류는 역사를 통틀어
수많은 문화 충격을 겪습니다.
그때마다 좋은 진화를 하기도 하고 나쁘게 진화하기도
합니다.
문화란 한 사회의 존재양식이지요.
문화 변화란 결국 그 사회 존재방식이 바뀌는 것입니다.
고대 로마는 정복에서 얻은
속국에게 로마 문화를 따르도록 강요합니다.
중세 시대 최대의 사회문제는 개종이었지요.
기독교나 이슬람이나
포로들에게 개종해서
시민권을 얻을 것인지
종교를 지키면서 노예가

될 것인지를 협박합니다.
대부분 노예 또는 순교합니다.
자기 존재 방식을 고수하려고 하는 것이 인류의 본성입니다.
A 씨 설명이다.
한국은 광복, 미 군정 이후
변화는 어떻게 진화됐습니까
B 씨 질문이다.

21

그것은 한마디로 설명이 안 됩니다.
행복티켓 강제 시스템에서
벗어났다고 해서
모든 문제가 좋게 풀렸다고
말할 수 없지요.
분야별로 따져봐야 합니다.
우리는 미 군정 이후 아무 준비도 없이 대변화를 겪었기 때문에 문제도 많았습니다.
우선 우리는 대한제국 문화,

일제 문화, 그리고 새로운
외래문화가 섞여 있는
토양에서 시작된 것도
하나의 문제였죠.
A 씨 설명이다.
그렇겠네요.
분야별 진화는 어떻게 설명되나요?
B 씨 질문이다.

22

우선 정치면에서 역사적이죠.
모두가 신민 즉 나라의 소유물 신분에서 풀려난 거죠.
세도가, 지주의 속박은 더 이상 없는 거죠.
스스로 주인이 된 것입니다.
더구나 나라의 권력을 만들어내는 권력까지를 소유한
높은 존재가 된 거죠.
모두가 평등하다는 민주주의가 탄생한 것입니다.
A 씨 설명이다.
소작농민, 목수, 굴뚝청소부,

구두 수선공, 노복들은

어떻게 됐습니까?

B 씨 질문이다.

그들에게도 평등의 티켓이 주어졌죠.

신분상 차별은 없습니다.

일부는 기존의 질서에 의존하는 것이 좋다고

생각했다는 이야기도 있습니다만

이것은 너무 미묘하기 때문

다음 기회에 말하죠.

A 씨 설명이다.

23

경제 쪽 이야기도 흥미롭습니다.
시장이 생겨난 것입니다.
재화를 팔고 사는 장소가 형성된 것입니다.
이곳에서는 자연히 부가 축적됩니다.
돈을 많이 가진 사람이 나타나게 되는 거죠.
누구나 아이디어만 있으면
시장에 상인으로 진입할 수 있죠.
자유시장 경제죠.
기존 부의 창출이 농토에서만 나왔지만 이제는 시장으로 바뀐 거죠.
우리 경제생활을 완전히 바꿔놓은 것입니다.
A 씨 설명이다.
시장이 돈 더 많이 차지하기 게임 장소인데 승자와 패자가 있었겠네요?
B 씨 질문이다.
게임이기 때문에 당연히 이기는 사람, 지는 사람이 있기 마련이지요.
희비가 엇갈리게 되는데
시장경제의 영원한 숙제 같습니다.

모두가 승자일 수도 없고
패자일 수도 없습니다.
빈부 양극화는 시장의 산물입니다.
자세한 이야기는 다음에 하지요.
A 씨 대답이다.

24

미 군정 이후 교육과 종교 쪽은
눈부십니다.
초등학교는 의무. 대학까지는 개인 선택이었지만
대학 진학률이 80퍼센트를 넘습니다.
미국의 대학 진학률이 50퍼센트 조금 넘는 것과 비교하면 우리가 얼마나 고학력 사회인가를 알 수 있습니다.
엄청난 거죠.
우리가 불과 50년 만에
일류국가에 오른 원동력은 교육이죠.
A 씨 설명이다.
경제대국, 부유한 나라가 된 것도 교육이었겠네요?

B 씨 질문이다.
물론이지요.
교육열. 가르치겠다는 의지와 공부하겠다는 열의가 대단한 나라죠.
50년 전 대학을 우골탑이라 했죠.
농부가 소와 농토를 팔아 학비를 마련한다는 것입니다.
농부가 소와 농토를 팔아치우다니. 생계의 수단을 희생시킨 비장한 이야깁니다.
그 시대 부모님들의 자식을 교육시키겠다는 일념은 어떤 고상한 가치도 이를 뛰어넘지 못할 것입니다.
A 씨는 설명하면서 감동한다.

25

종교 쪽 이야기도 흥미 있습니다.
대한제국이 망할 때 우리 종교는 유교가 주였습니다.
조선 시대 내내 숭유억불의
통치이념의 잔재였죠.
사실 우리는 다신교였죠.
큰 당산나무, 집 뒤껻 장독대에도 신이 있다고 여겼으

니까요.
일본도 다신교 나라로 32만여 개의 신이 있고 그중에는 와리바시(젓가락)에도 신이 있다고 여기는 사람도 있다는 것입니다.
A 씨 설명이다.
미 군정 이후 종교는 어떤 변화가 있었습니까?
B 씨 질문이다.
기독교의 발흥이 가장 두드러진 변화죠.
개신교의 교세 확장은 기록적이죠.
원래 하느님 유일신을 믿는
가톨릭이 이조 말에 들어왔습니다만 교세 확장 면에서 개신교에 밀렸습니다.
현재 우리는 가톨릭, 개신교, 불교 3대 종교 구도입니다.
A 씨 설명이다.
3개의 대종교가 정립해있는
국가도 세계적으로 드물어 보이는데요?
B 씨 질문이다.
좋은 질문입니다.
로마 시대 이후 중세 유럽, 러시아, 이슬람 등은 국교가 존재했고 현재도 단일 종교 국가나 다름없습니다.
외국에서는 한국 미스터리의 하나로 종교분쟁이 없는

것을 든다고 합니다.
3개의 대종교가 아무 트러블 없이 존재하고 있다는 것입니다.
신기한 일입니다.
놀라운 것은 한국이 세계에서 제일 많은 선교사를 내보내는 것입니다.
A 씨 설명이다.

26

미 군정 시기에 밀려든 외래 문화가
우리 사회를 어떻게 변화시켰나요?
B 씨 질문이다.
자유주의가 범람했지요.
모든 것이 자유였고 기존 가치나 질서는 잘못된 것으로 여겨진 것입니다.
윤리, 풍습, 세태가 변했고
순수성이 없어진 거죠.
사람들이 이기적으로 변했고 개인주의가 만연된 것입니다.

물론 양반, 상놈, 지주와 소작인이 사라진 평등사회가 됐지만, 또 다른 계급이 형성된 것입니다.
자본 부르주아, 셀러리맨이 등이 등장한 것입니다.
좀 더 자세한 것은 다음 기회에
말하죠.
A 씨 설명이다.

27

행복티켓이 배급제에서 자유 판매로 바뀌면 모두가 행복해지는 것 아닙니까?
B 씨 질문이다.
그럴 것 같지만 실제 그렇지 않습니다.
오히려 반대 현상도 생겨납니다.
한 가지 예를 들어 보겠습니다.
쇠돌이 Z 씨는 1945년 광복 때 2남 3녀를 둔 45세 가장이었습니다.
시골 부농 집 머슴으로 생계를 그런대로 유지하면서 나름대로 행복합니다.
그러나 그가 바라지도 않았던 광복이라는 사건이 일어

나고 부농의 주인은 머슴 제도가 더 유지되지 않는다고 말합니다.
그리고 주인은 당당한 독립된 가장으로 살게 됐다고 Z 씨에게 선언합니다.
A 씨 설명에 B 씨는 되묻는다.
쇠돌이 Z 씨는 어떻게 됐습니까?
Z 씨는 난감합니다.
독립된 가장, 자유와 평등, 참정권까지 얻었지만
처자식과 굶지 않고 살아나가는 것이 문제인 것입니다.
토지도 없고 기술도 없습니다.
쇠돌이 Z 씨와 같은 처지의 사람들이 전국적으로
수백만 명이었습니다.
A 씨 설명이다.

28

그 수많은 생계수단을 갖지 못한 사람들은 어떻게 됐습니까?
B 씨 질문이다.
국가적으로 사회적으로

최대의 문제였지요.
아직 문제 해결을 책임질
정부도 구성되지 않은 상태죠.
미국의 군정 사령관이 하면
뭘 얼마나 했겠어요.
일부 지역에서는 남의 물건을 약탈하고 훔치는 일까지 생겨나고 했습니다.
그렇더라도 2차 대전 종전으로 수많은 독립국가들이 겪은 과도기 혼란상에 비해 우리들이 양호했다는 것이 위안이라면 위안이지요.
A 씨 설명이다.

29

광복 당시 우리 산업구조는
농업이 90%이었기 때문에 농민들이 문제였겠네요.
B 씨 질문이다.
그렇습니다.
생계수단을 갖지 못한 농민들 다수는 시장이 있는 도시로 밀려들게 됩니다.

도시에는 막노동 일거리라도 있는 것 아닙니까.
서울역 앞에 100여 명의 지게꾼들이 줄지어 늘어서서 승객들의 짐을 지어 나르려고 기다리는 풍경은 우리에게 익숙한 것입니다.
어떤 지게꾼은 공치는 불운한 날이 있고 이날은 전 가족이 굶는 것입니다.
도시 빈민 가족 비극사가 시작되는 것입니다.
A 씨의 슬픈 설명이다.

30

수많은 쇠돌이 Z 씨들은 모두 서울로 올라온 것입니까?
B 씨의 질문이다.
그렇죠.
서울은 대도시였기 때문에 시장 사이즈가 크기 마련이지요.
인류는 오래전부터 도시를 만들고 살아온 것입니다.
로마인들은 기원전 5세기에
인구 100만 명 규모 도시를 만들었습니다.
도시는 굉장한 곳입니다.

상업, 금융, 미디어, 예술,
패션, 교육, 엔터테인먼트가
모여 있는 곳입니다.
만일 그 도시가 수도라면
정치 활동 무대이기 때문에
인구 집중이 더욱 심하게 이루어집니다.
서울은 수도이고 가장 큰 도시여서 규모가 비대해질
여러 가지 조건을 갖춘 거죠.
수많은 전국의 쇠돌이 Z 씨 가족들이 갈 곳은 서울밖에 없는 거죠.

31

도시로서 서울은 엄청난
충격을 받았겠네요.
B 씨 질문이다.
물론이지요.
서울의 빅뱅이라 할 수 있죠.
대폭발입니다.
당시 서울은 100만 규모 사이즈로 디자인됐고 실제

90만 명 내외 시민이 살고 있었습니다.
불과 2, 3년 사이 2백만 명 사이즈로 커지고 전국에서 각자 문화 차이가 있게 성장한 사람들이 섞여지게 된 것입니다.
수많은 도시 문제가 발생하게 됩니다.
A 씨 설명이다.

32

전국에서 상경한 쇠돌이 Z 씨들로 몸집이 커진 서울은 어떻게 됐나요?
B 씨 물음이다.
그야말로 처절한 생존경쟁의 최전선이었죠.
대도시에 적응할 수 있는
노하우를 갖추지 못한
초급 시민들로 가득한 도시가 어떠했겠는지 쉽게 상상이 안 되죠.
서울은 몸살을 앓기 시작한 것입니다.
Z 씨들의 잠자리, 마실 물,
이들이 만들어내는 엄청난 분뇨, 생활쓰레기 처리 등

도시병이 싹튼 것입니다.
파트리크 쥐스킨트의 "향수"라는 소설에서 18세기 파리는 인분 냄새가 지독했다고 쓰고 있는데 서울이 한동안 그런 거죠.
외국의 대도시들은 몇백 년에 걸쳐 만들어졌지만 짧은 시간에 급조된 서울은 도시문제가 더 심각한 거죠.
A 씨의 설명이다.

33

서울이 겪은 몸살 중 가장 심각한 것은 Z 씨들의 잠자리 문제였죠.
판잣집이 등장한 것입니다.
서울 도심을 벗어난 산비탈에 우후죽순처럼 생겨나는 Z 씨들의 서울집입니다.
하룻밤 사이 지어진 판잣집은 국유지 산비탈에 허가도 없이 세워집니다.
당국과 Z 씨들 사이에 판잣집 철거 싸움이 전개되는데 처절했습니다.
A 씨 설명이다.

그랬겠네요.
Z 씨들은 어떻게든 잠자리는 있어야 하는 것 아닙니까?
서울은 한동안 무허가 판잣집 수가 10만이 넘었다던데…

34

수많은 Z 씨들은 판잣집을 짓고 판잣집에서 산다는 이유 하나만으로 공권력의 공격 대상이 된 거죠.
판잣집 철거에는 경찰병력까지 동원됩니다.
철거 과정에서 형사처벌까지 받는 Z 씨들이 다수 있었죠.
무의미하고 부당한 시대죠.
서울은, 국가는 그들을 어떻게든 끌어안아야 하는 것 아닙니까?
뉴욕에도 파리에도 가난한
사람들이 모여 사는 빈민촌이 있지요.
이른바 슬럼가입니다.
이 지역은 삶의 질이 낮고

오염되어 있는 쇠락한 도시지역입니다.
그러나 그들은 그곳에 거주한다는 이유로 처벌되지는 않습니다.
A 씨는 약간 분개한다.
불과 50년 전, 현재 50살 세대의 아버지들의 이야기네요.
그리 먼 시간 전의 일이 아니구먼요.
B 씨 대답이다.

35

그렇죠.
얼마 전의 이야기죠.
서울 판잣집 문제는 사실
심오한 의미를 담고 있습니다.
우리가 살고 있는 21세기에서 부의 척도로서 집이 가지고 있는 의미입니다.
집은 어느새 신분의 상징이 됐고 빈부 경계선인 것입니다.
얼마 전만 해도 그가 농토를

얼마나 가졌고 소를 몇 두 기르고 어느 규모의 염전을 소유했는가로 부유 여부를 판단했죠.
메트로폴리탄이 탄생하고
주택자산이 소득 대비 부의 증가 비율이 빨라지면서
집의 의미가 달라진 거죠.
A 씨의 집에 대한 설명이다.
집의 소유 여부가 그렇게
중요하게 된 것은 제도 탓도 있는 것 아닙니까?
B 씨 질문이다.

36

그렇죠.
우리는 주택 자본주의 시대에 살고 있죠.
주택자산이 다른 어떤 자산보다 매력 있는 것은 금융 제도에서 비롯됐다는 것입니다.
금융기관들이 수익을 높이기 위해 부동산담보 대출에 의존합니다.
집을 담보해주면 금융기관들은 제한 없이 대출을 해 줍니다.

주택을 가진 사람들은 하나같이 담보능력을 이용, 대출을 받아 제2, 제3의 주택을 갖는 것입니다.
금융기관이 부동산담보 기관으로 변질했고 부동산 투기 바람을 일으킨 것입니다.
집이 투기의 대상이 된 것입니다.
A 씨 설명이다.
담보능력이 없는 무주택자는 영영 집을 소유할 수 없겠네요.
B 씨 물음이다.

37

그렇죠.
현실적으로 무주택자 문제는 심각한 것입니다.
이것은 한국만의 과제가 아니라 현대국가 모두의 문제죠.
주택문제를 완전히 해결한 국가는 없죠.
이것은 결국 주택 불평등 현상을 가져오고 부의 양극화라는 아주 나쁜 사회문제를 일으키는 거죠.
A 씨 설명이다.

그렇겠네요.
사회분열 현상이 생기기 마련인데 차선의 대책 같은 거라도 없나요?
B 씨의 질문이다.

38

우리는 은연중에 어떤 분열된 상황 속에 있는 것입니다.
부촌 빈촌, 강남과 강북, 도시와 시골 등 갈라진 상황 속에 있습니다.
심지어 강남에 사는 사람들끼리도 강남 좌파니 강남 거지니 라는 말이 있습니다.
강북에서는 강남에 거주하는 사람들을 은근히 곁눈으로 바라봅니다.
시골에 거주하는 분들은
인근 도시를 좋지 않은 눈으로 봅니다.
사회가 갈라질 대로 갈라져 있고 계속 분열되고 있습니다.
정치권이 사회통합을 외치고는 있습니다만,
역부족인 것 같아요.

A 씨 설명이다.
정부는 무주택자 정책을 계속 내놓고 있는데 그것에 희망을 걸 수 있을까요?
B 씨 질문이다.

39

정부의 그런 정책이 유일한
희망이라고 할 수는 없지만
하나의 희망이랄 수 있지요.
공영임대주택 입주티켓 당첨이 얼마나 어렵습니까.
천신만고 끝에 입주티켓을 손에 넣어 입주한 사람들이 행복할까요?
여기서 우리는 행복을 개념 하기가 쉽지 않다는 것을 알 수 있습니다.
입주티켓을 아직 잡지 못한 사람들 입장에서 보면
입주자들이 그지없이 행복하게 보일 겁니다.
그러나 놀랍게도 입주자 대부분은 입주 첫날부터
자기들은 행복하지 않다고
생각합니다.

A 씨 설명이다.
이해가 잘 되지 않는데요.
그럴 수 있습니까?
B 씨 반문이다.

40

입주자들은 이렇게 생각하기 시작합니다.
이 아파트는 내 소유가 아니다.
잠시 임대한 것이다.
언젠가는 기한이 되면 쫓겨나야 한다.
마음이 편하지 않은 거죠.
역설적이지만 심리적으로는 입주티켓을 기다리고 있을 때보다 행복하지 않은 거죠.
더구나 입주자는 도심의 더 나은 아파트와 비교합니다.
주거환경, 애들의 교육을 위한 학군, 출퇴근 시간이 길어진 것 등 불만요소가 한두 가지가 아닙니다.
A 씨의 뜻깊은 설명이다.
참 어렵네요.
어려운 관문을 뚫고 입주에 성공한 사람들이 행복감을

느끼지 못한다니 말입니다.
B 씨 푸념이다.

41

하나의 물결이지요.
입주자들이 느끼는 불행감,
사회 거의 모든 분야에서
그런 물결이 일어나고 있는 거죠.
더 많이, 더 좋은 것을 원하는
현대인들이 겪어야 하는 고통이라 할까요.
부촌 지역에 정신과 의원이
더 많습니다.
왜 그럴까요?
파리에 있는 유명한 정신과
의사 꾸뻬 씨가 있습니다.
꾸뻬 씨는 상담을 원하는
사람들로 바쁩니다.
많은 것을 가지고 있으면서도 스스로 불행하다고
생각하는 사람들로 병원이 꽉 차는 것입니다.

A 씨 이야기다.

우리나라도 강남에 성형외과 의원보다는 많지 않지만

정신과 의원이 기타 지역보다 훨씬 많다는 것입니다.

최근 강남에 더욱 집중된다는 것입니다.

B 씨 전언이다.

42

그런데 정신과 의사 꾸뻬 씨 이야기가 재미있습니다.
꾸뻬 씨가 4, 5년 상담해주고 있는 중년 주부인데
어느 날 꾸뻬 씨에게 선생님도 상담이 필요해 보입니다 라고 말하는 것입니다.
유명한 정신과 의사에게
그로부터 상담받고 있는 환자가 의사 자신도 상담이 필요해 보인다고 한 것입니다.
누가 의사이고 누가 환자인지 분간이 안 되는 거죠.
꾸뻬 씨는 쇼크를 받고
자신의 정신 클리닉을 위해
여행을 떠났다는 것입니다.
꾸뻬 씨 행복여행 이야기입니다.
A 씨 이야기다.
참 흥미 있는 이야기네요.
현대사회가 얼마나 복잡하게 얽혀있는가 짐작이 되네요.

43

꾸뻬 씨 행복여행은 요사이 흔히 말하는 힐링 여행이라 말할 수 있죠.
사실 인류가 무엇인가를 찾으려고 여행을 떠나는 것은 오래전부터 있어온 일입니다.
특히 종교적 의미가 짙은 순례의 역사는 숭고하면서 처절하기까지 합니다.
기독교도의 예루살렘을 향한 순례, 이슬람교도의 메카를 향한 순례, 불교도의 석가를 찾는 순례는 그 흔적에서 인류의 고상한 이상을 볼 수 있습니다.
A 씨 설명이다.
순례도 하나의 여행이라고 할 수 있겠네요.
물론 목적이 다르긴 하지만.
B 씨 말이다.

44

중세 십자군 전쟁을 보면
전쟁과 순례가 섞여 있었죠.

1095년 당시 교황 우루바누스가 "신이 그것을 바라신다"라는 다분히 정치적 색채가 강한 교시를 내리고 기독교도라면

이교도들에 의해 지배되고 있는 성도 예루살렘을 탈환하라고 명한 것입니다.

십자군 200년 전쟁이 시작된 것입니다.

1000년 전 일입니다.

우루바누스 교황은 카롯사의 굴욕 사건 이후 교황의 권위가 약화된 것을 만회하기 위해 고심 끝에 단안을 내린 칙령이었습니다.

A 씨 설명이다.

카롯사의 굴욕 사건이 어떻게 십자군 전쟁의 도화선이 됐나요?

B 씨 질문이다.

45

그렇게 복잡한 역사 이야기는 아닙니다.

우루바누스 교황 전전 교황 그레고리우스는 신성 로마제국 하인리히 황제를 파문시킵니다.

교황의 허락 없이 영주들의 인사를 했다는 이유였습니다.
신의 지상의 대리인인 교황은 세속 황제를 파문시킬 권력이 있는 거죠.
40대의 혈기방장하고 대가 센 하인리히도 교황의 파문 결정에는 속수무책이죠.
당시 파문은 유폐보다 더 무서운 형벌이죠.
파문당한 사람과 어떠한 접촉도 허용되지 않습니다.
접촉하는 그 사람도 파문당하는 것입니다.
가톨릭교도에게 미사가 허용되지 않습니다.
A 씨 설명이다.
종교적 사형에 해당하겠네요.
B 씨 대답이다.

46

하인리히 황제는 결국 그레고리우스 황제를 찾아가 파문을 사면해 줄 것을 빕니다.
그때 그레고리우스 황제는
프랑스 북부에 있는 카롯사 성에

머물고 있었던 거죠.
아주 거대한 성이었죠.
하인리히 황제는 성 밖에서
맨발로 허름한 가운만을 입은 채 교황의 사면을 청한 거죠.
눈발이 내리는 초겨울이었습니다.
교황은 3일 만에 파문을 거둬들입니다.
세계사에 카롯사의 굴욕으로 기록된 사건입니다.
A 씨 설명이다.
교황과 세속 황제의 파워게임 같아 보이네요.
B 씨 말이다.

47

그렇다고 말할 수 있죠.
하인리히는 그 이후 교황을 계속 압박했고 대체 교황을 세워 교황의 권위를 약화시킨 것입니다.
우루바누스 교황은 이런 환경 속에서 교황의 임무를 수행하면서,
어떻게 하면 교황의 권위와

힘을 키울까를 고심한 것입니다.
우루바누스의 신은 성도 탈환을 바라신다는 선언은 당시 유럽 사회를 뒤흔들었고 수많은 기독교 제후, 영주, 일반 신도들은 오리엔트의 머나먼 곳에 있는 성도 예루살렘을 향해 순례를 떠난 것입니다.
우루바누스 교황은 크레르몽 공의회 선언에서 성도 탈환 도정에서 죽는 사람은 순교로 인정하겠다고 함으로써 많은 사람을 격려한 것입니다.
A 씨 설명이다.
순례라고 설명하는데 십자군 전쟁과는 맞지 않는 것 아닙니까?
B 씨 질문이다.

48

전적으로 맞지 않는 말은 아닙니다.
성도 탈환 대열에 순례자들이 많았다는 것입니다.
평소 성도를 향해 순례를
생각하고 있던 사람들에게는
좋은 기회였던 거죠.

중세 이전에도 순례는 존재했습니다.
순례를 마치고 돌아오는데
대개 빨라야 2년, 4~5년 걸립니다.
교통수단이 전무하기 때문에 오로지 길을 걷는 것입니다.
그들은 오랜 시간 걸으면서
무엇을 생각했을까요?
A 씨는 질문한다.
한말로 답하기 어렵네요.
시대와 지역 민족에 따라 차이가 있지 않을까요.
B 씨 말이다.

49

천 년 전 중세인들의 순례길은 비장한 것이지요.
그 먼 길을 오로지 걸어서 가야 했고 쉼터나 여인숙도 없습니다.
프랑스(유럽)에서 오리엔트 예루살렘에 이르려면 편도 1년은 걸립니다.
노숙이 대부분이고 어쩌다

교통 요충지에서 자게 되는 날은 행운이지요.
여인숙 방을 잡게 되니까요.
그러나 순례자들은 교통 요충지의
번화함, 편리함에 이끌려
하루라도 더 그곳에 머물려고는 하지 않습니다.
그들이 무엇을 깨닫겠다고
길을 나선 신념은 그만큼 강한 것입니다.
A 씨 설명이다.
도중에 건강이 나빠지거나
길을 잃게 되는 경우도 있을텐데요.
B 씨 말이다.

50

물론입니다.
계속해서 걷기만 하는 순례자들은 피곤이 쌓여 결국 어떤 도움이 필요하게 됩니다.
중세 시대에도 순례길 곳곳에 병이 난 순례자들을 돌보는 조직이 있었습니다.
20세기 들어 호스피스가 생겨나 말기 환자들을 돌보며

편안한 임종을 맞도록 하는데 중세의 그것들이 원조라 할 수 있지요.
십자군 전쟁 200년 동안 성 요한 기사단이 운영한 요양시설이 오늘날의 호스피스죠.
기록에 보면 1차 십자군이
예루살렘을 탈환하고
2만5천 명의 사람들이 예루살렘으로 순례를 떠나
예수가 묻혀있다는 성모교회를 참배했다는 것입니다.
A 씨 설명이다.
인류의 순례에 대한 열망은 대단하네요.
전쟁 중에도 대규모 순례행렬이 있었다니….
B 씨의 감탄이다.

51

순례길 중 우리를 감동시키는 곳은 청두에서 티베트 수도 라사까지 600킬로 순례길일 것입니다.
티베트인들은 삼보 일배, 세 걸음 걷고 한번 엎드려 절하면서 순례를 하는 것입니다.
이들은 나무로 된 손장갑 15개, 가죽으로 된 앞치마 8개를 준비해 순례를 시작합니다.
수도 라사 방향을 향해 떠나면 오로지 직선으로만 갑니다.
우회가 없습니다.
길이 나 있지 않으면 언덕을 넘어갑니다.
그때도 삼보 일배 원칙을 지킵니다.
영하 20도 혹한, 북풍을 정면으로 껴안으면서 계속합니다.
도중에 사망하는 경우 길옆에 간단히 묻고 갑니다.
주위에 번거로움을 주지 않기 위해서입니다.
A 씨 설명이다.
대단하네요.
그들은 언제쯤 수도 라사에 도달하나요?
B 씨 질문이다.

52

빠른 사람들, 30대 중반에서 40대 초반들은
115일 만에 라사에 도착합니다.
느린 사람들은 6개월, 마치지 못하고 중도에서 포기하

는 사람들도 있습니다.

그들은 마침내 라사에 도착합니다.

부처가 모셔져 있는 포탈라궁 라캉 사원에 참배합니다.

어느 TV 매체 PD가 질문합니다.

순례를 마치는 소감이 어떻냐입니다.

꺄슈라는 50대 순례자는

말합니다.

내 인생의 목표에 도달했습니다.

행복합니다.

이제 내가 할 일은 선행을 하는 것뿐입니다.

다른 30대 순례자는

순례 내내 나는 어떤 사람이 되어야 하나를 자신에게

묻고 왔다고 말합니다.

그 30대는 수도사가 되었다.

20대의 순례자는 동생들 학비 마련을 위해 동충하초를

캐러 가겠다고 말합니다.

A 씨 설명이다.

순례의 효과가 참 흥미롭네요.

B 씨 말이다.

53

인류는 순례를 통해 행복티켓을 얻으려고 생사의 경계선까지 가 본 것입니다.
순례는 14세기경에 붐이었죠.
스페인의 산티아고 순례길도 그 시대 대표적인 순례길이었죠.
알렉산더 교황이 산티아고를 성지로 선포하고 그 길을 걷는 사람에게 죄를 사면해준다고 했습니다.
프랑스령 생 장 피에 드 포르에서 산티아고까지는 800킬로죠.
당시 길도 변변히 조성되어 있지 않은 800킬로를 걸어서 도달하는 것입니다.
A 씨 설명이다.
중세인들의 원죄에 대한 구원을 받으려는 모습은 대단하네요.
현대인들도 다른 모양으로 구원을 받으려고 합니다만.
B 씨 대답이다.

행복티켓 판매소 II

행복티켓 판매소 II

54

동양 중국인들의 행복접근법은 특별합니다.
고대 중국의 주나라 사람들은 주역이라는 책을 만들어
그 책 속에서 행복을 찾아내려고 했습니다.
3500년 전 일입니다.
주역의 저자는 중국 역사에서 뛰어난 왕의 한사람인
주 문왕 자신이라는 설도 있습니다.
주나라 사람들은 "효"라는
식물 풀로 된 5~6센티 길이의 도구 6개를 만들어 그것
들을 상하로 조합하면서 그 속에 우주의 모든 법칙을
예측하고 알아낼 수 있다고 믿었습니다.
A 씨 설명이다.
고대 중국사에서 주왕조는
꽤나 강성했는데 그게 주역의 힘이었나요?
B 씨 질문이다.

55

꼭 그렇다고 확언하기는 어렵습니다.

주나라는 그러나 전쟁, 제사, 장사를 시작하려고 할 때 먼저 주역의 효를 뽑아 그 일이 성공할지 여부를 알아본 것입니다.

고대 그리스에서 전쟁을

시작하려 할 때 파르테논 아폴론 신전에 가서 신탁을 받아본 것과 같은 것이지요.

현대인들도 혼인, 취업, 입학, 개업

심지어 출생아의 작명까지 주역을 이용하고 있습니다.

어떤 개인의 앞으로 일어날

길, 흉, 화, 복을 예측할 수 있다는 믿음은 대단한 것입니다.

이 믿음이 미신의 수준으로 내려가면 문제겠지요.

A 씨 설명이다.

실제 주역의 내용은 무엇을 가르치고 있나요?

B 씨 질문이다.

56

우선 사람들이 불행에 빠지지 않도록 경고하는 것입니다.
순풍을 만난 돛단배처럼 일이 뜻대로 잘 풀려가고 있을 때가 위험한 순간이라는 것입니다.
사람은 이때 자만에 빠지기 쉬운데 자만은 불행, 실패의 입구입니다.
자만을 부리다가 파멸의 낭떠러지로 떨어진 예는 수없이 많습니다.
패배할 수 없는, 승리가 완벽한 조건에서의 게임에서 패배하는 예는 동서고금 너무 허다합니다.
모두 자만이 부른 화입니다.
비즈니스 세계에서도 매일반입니다.
스마트폰에서 핀란드 노키아의 예가 잘 말하고 있습니다.
A 씨 설명이다.
주역 공부가 부족했군요.
B 씨 말이다.

57

주역에서는 언젠가 시간이 흐르면 불운한 일이 생겨나기 마련이라고 말합니다.
왜 그런가?
모든 일이 극에 다다르면 변하기 때문입니다.
주나라 사람들은 3500년 전에 이미 정반합의 변증법적 우주 변화를 알았다면 놀라울 뿐입니다.
주역은 하기 때문에 역경 속에서도 신념을 잃지 말라고 충고합니다.
역경은 분명 변할 것이기 때문입니다.
A 씨 설명이다.
신념 즉 희망을 버리지 말라는 앞선 분들의 충고를 주역에서도 말하네요.
B 씨 부연이다.

58

반대로 순경일 경우에는 어떻게 해야 하나요?
B 씨 질문이다.

주역에서는
거안사위(居安思危) 즉 편안할 때 매사에 조심하고 신중하게 처신하라고 말합니다.
항상 사방을 살펴보고 겸허하라는 것입니다.
흔히 허리인사를 하고 목의 높이를 낮추라는 것입니다.
현대인들이 선호하는
인사법과는 다른 것입니다.
주역이 말하고 있는 바를 따라 해서 불행을 멀리할 수 있다면 옛날 것이라고 무턱대고 무시할 것은 아니지요.
A 씨 설명이다.

59

주역의 첫 장에 나오는 문장이 의미심장합니다.
"적선지가 필유여경"이라는 예언입니다.
선한 일을 쌓아가는 집안에는 경사가 넘칠 것이라는 의미입니다.
여기서 말하는 선한 일이 무엇이겠습니까?
알 듯하면서도 구체적으로
생각은 잘 안 납니다.

길거리 걸인에게 동냥 주는 것을 대개 적선이라고 말합니다.
그런 거겠지요.
남을 도와주는 행위는 선한 일임이 분명합니다.
A 씨 설명이다.
그 정도 설명으로는 주역에서 말하는 바를 충분하게 해명한 것 같지 않은데요.
B 씨 말이다.

60

주역에서 말하는 선함은
차원이 다른 의미일 수도 있지요.
세상이 선하지 않은 악함으로 가득 찬다고 가정합시다.
만인의 만인에 대한 투쟁 같은 것 말입니다.
강자들의 세상이 될 것입니다.
강자들만 존재하는 세상은
평화롭고 여유롭지 않을 것입니다.
그런 세상은 끝까지 투쟁의 연속일 것입니다.
그런 세상이라면 행복티켓이라는 단어는 존재하지 않죠.

A 씨 설명이다.
주역이 말하는 선의 의미는 꽤나 깊네요.
B 씨 대답이다.

61

근대의 중국 학자들은 주역을 하나의 철학으로 규정했죠.
단순한 점복술이 아니라는 거죠.
선한 일을 쌓아올려가면 경사가 틀림없이 있을 것이란 예측은 천하의 이치를 터득한 거죠.
주역은 천하의 근본은 음양이라는 거죠.
좀 더 구체적으로 말하면
너도 존재하면 나도 존재하고 네 안에 내가 있고 내 안에 네가 있다는 것입니다.
또한 너는 나를 벗어날 수 없고 나는 너를 벗어날 수 없다는 것이지요.
세상의 이치가 그렇다면
선함을 쌓는 것은 선이 넘치게 하는 것이고 결국 자기에게 귀속된다는 것이지요.

정말 주역은 천하를 크게 보는 것입니다.
A 씨 설명이다.
우리가 어떤 사람을 복 받을 수 있는 사람이라고 흔히 말하는데 결코 잘못된 것이 아니네요.
B 씨 대답이다.

62

주역에서 "적선지가(積善之家) 필유여경(必有餘慶)하고 적불선지가(積不善之家) 필유여앙(必有餘殃)하나니라" 라는 말은 "좋은 일인 선을 쌓는 집은 반드시 좋은 일이 생기고 선을 쌓지 않는 집은 반드시 재앙이 따를 거" 라는 예언도 있습니다.
선을 쌓지 않는 경우를 말하는데 여기서 선을 행하지 않는다는 뜻은 무엇이겠습니까?
선하지 않은 것, 악행을 뜻하겠는데 어떤 행위가 악하다고 할까요?
이것도 한말로 잘라 말하기 쉽지 않습니다.
사람들은 어떤 경우 자기의 행위가 선한 것인지 그렇지 않은 것인지를 잘 모르고 있습니다.

사회에서 또는 친구들 사이에서, 심지어 가족들끼리도 잘잘못을 가리는 것이 어렵지 않습니까?
모든 비난받는 당사자들은
자기의 선함을 주장합니다.
A 씨의 설명이다.
선과 악을 명확히 구분해서 어떤 행위를 한다는 것도 어려운 일이네요.
B 씨의 대답이다.

62-1

그렇지요.
어떻게 보면 그 판단은 신의
영역에 속하는 거죠.
성경, 불경, 코란에서는
선과 악을 명백하게 구분합니다.
세속에서는 판사의 영역이라고 할 수 있겠습니다.
판사의 판단도 핵심을 빗나갈 수 있기 때문에 한 가지 사안을 가지고도 3번이나 재판을 하도록 규정하고 있습니다.

하기 때문에 많은 사람들은
수시로 교회, 불당, 모스크를 찾는 것입니다.
혹시 선하지 않은 악한 일이라도 행하지 않았나를 신에게 묻기 위해서지요.
A 씨 말이다.
그렇다면 신의 판단을 물을 수 없는 처지의 사람들은
어떤 방법으로 자기 행위의 선악을 구분할까요?
B 씨 질문이다.

63

아주 어려운 문제죠.
이에 대한 대답은 한 사회 전체가 도덕적으로 얼마나 건강한가 아닌가에 연결될 것입니다.
그 사회가 얼마나 부유한가 아닌가와는 별 관계가 없죠.
부유한 6만 불 국가들 사회가
더 악한 일들이 생겨나고 있으니까요.
소득 수준이 낮은 가난한
나라들이 도덕적으로 더 건강한 것은 아이러니합니다.

개인들에게도 더러 이러한 아이러니 현상이 있는 것은 어떻게 설명하기 어렵습니다.
결국 시간을 멀리 보면서
그 가문이 경사가 넘치고
흥함이 계속되는가를 관찰해보는 것입니다.
A 씨 설명이다.
어느 시점에 가면 주역에서 말하는 경사가 넘치는 가문 여부를 알 수 있겠네요.
B 씨 대답이다.

64

우리가 행복에 다가갈 수 있는 다른 하나의 길은 변화에 있습니다.
우리가 사는 세상은 변화 속에 있습니다.
이 순간에도
세계가 변하는 데 자신만 홀로 변하지 않고는 견딜 수 없습니다.
왜 그럴까요?
불변은 가능하지 않기 때문입니다.

주역에서도 "모든 것이 변한다는 것은 불변의 진리"라고 말하고 있습니다.
조직이나 개인이 변하지 않고 있다는 것은 무언가 문제가 생겨있다는 것을 말해줍니다.
불변은 정체, 퇴영을 의미합니다.
어떻게 변할 것인가?
이것이 문제입니다.
주역은 모든 것이 극에 달하면 변하고, 즉 변하면 통하고 통하면 오래간다고
말합니다.
도도, 어떤 방법을 생각해내고 그 방법에 접근하는 변화를 권하는 것입니다.
가장 덥다는 말복은 입추가 지난 첫 번째 경일에야 오고 가장 추운 삼구는 동지가 지난 19일쯤이면 오는 계절의 변화는 의미심장합니다.
동지에 이미 봄을 잉태하는 거죠.
큰 불운한 일이 생겼다고 해서 주눅이 들거나 낙담할 일은 아닙니다.
계절의 변화처럼 그 불운 시작 속에 행운이 스며들어 있기 마련입니다.
A 씨 설명이다.

주역이 보는 우주의 순환고리 오묘하네요.
B 씨 말이다.

65

주역은 여시구진. 시대의 맥락을 파악하고 시대의 조류에 순응하는 것이 행복에 접근하게 된다고 제시합니다.
우리를 에워싸고 있는 시대의 맥락을 꿰뚫어 파악하기란 쉽지 않습니다.
현재 무엇이 맥락으로 흐르는가
사람에 따라 보는 관점이 각양각색일 수 있습니다.
맥의 흐름을 비관적으로
낙관적으로 나뉠 수 있습니다.
그러나 흐름 자체를 바꿀 수는 없습니다.
왜 흐름에 따라야만 하는가
시세의 변화야말로 객관적인 규율을 잘 반영하고 있기 때문이다.
여기에서 말하는 시세는 사회도 포괄한다.
사회의 경우 시세 조류를 거스를 수 없다.
오랫동안 지속하고자 한다면 객관적인 규율을 어길 수

없다.
어길 수 없다면 순응하는 것이 최선이다.
봄에는 봄옷으로, 겨울에는 겨울옷으로 갈아입는 것이 규율에 맞게 행동하는 것이다.
A 씨 설명이다.
시세에 영합하는 것과는 다른 의미겠네요.
B 씨 대답이다.

66

A 씨와 B 씨는 티켓 구매 행렬에 줄을 선 지 10시간이 넘었다.
아직도 티켓 판매소까지는
꽤 먼 거리가 남아있다.
오늘 자정을 넘길지도 모르겠다.
티켓을 손에 넣기가 이렇게 힘이 드는가.
중세인들이 순례길에서 성지에 도착할 때까지 겪었던 고행을 어느 정도 알 만했다.
브라질 작가 코엘료는 그의 저서 연금술사에서 산티아고가 연금술사를 만나기 위해 사막을 횡단하는 것이 얼마나 어려운가를 말하고 있다.
A 씨와 B 씨도 티켓 구매 행렬의 길이를 보면서 티켓 구입이 쉽지는 않을 거라고 생각했다.
마침 김밥 파는 한 아줌마가 다가와 김밥을 권하면서 "얼마짜리 티켓을 구입할 거예요. 우리 같은 사람도 티켓을 살 수 있나요?"
질문을 던진다.
돌발질문이지만 예사롭지 않다.

67

A와 B 씨는 머리가 혼란해지기 시작했다.
김밥 아줌마의 얼마짜리 티켓을 살 계획이냐의 질문에 대한 해답 때문이었다.
이 질문에 대한 해답은 쉽지 않았다.
과연 행복티켓에 가격 차이가 있는가?
행복에도 무슨 등급이 존재하는가?
등급이 존재한다면 그 기준은 무엇인가?
누가 등급을 결정하는가?
인류는 누구나 행복을 찾고 있는데 값이 다른 것이었나?

어떻게 보면 이 질문은 행복의 본질을 들여다보는 것 같기만 했다.

68

A와 B 씨는 이렇게 생각해 보았다.
붕어빵 아저씨가 어느 날 빵이 너무 잘 팔렸다.
준비한 재료가 모자랄 판이었다.
신이 난 이 아저씨는 결국 돌아가신 할아버지께서 오늘 장사를 밀어주시는 것 같다고 생각했다.
어느 공무원 시험 준비생은
드디어 몇 백대 일의 경쟁을 뚫고 합격했다.
그도 선조들의 돌봄이 크다고 생각했다.
어느 막노동으로 생계를 유지해오는 사람은 7년 동안 꾸준히 복권을 사 왔는데 드디어 당첨됐다.
로또 대박이 난 것이다.
A와 B 씨는 이 세 사람 중 누구의 행복이 더 크다고 할 수 있을까?
답이 쉽지 않다.

69

A와 B 씨는 나 같은 사람도
행복티켓을 구입할 수 있나요? 의 질문을 던진 김밥 아줌마를 생각해 보았다.
행복이라는 것은 부유한 사람들에게만 소유되는가?
가난한 사람들은 행복티켓을 살 수 없는 것인가?
부유한 형편에 있는 사람 모두가 행복한가?
김밥 아줌마는 왜 자기는 티켓 행렬에 끼일 수 없다고 생각하고 있을까?
행복이라는 말 자체가 어감상 부자들의 소유물인 것처럼 보인다.
실제는 전혀 그렇지 않은 데 말이다.
행복이란 민족, 종교, 피부색,
빈자와 부자, 대륙 구분 없이
소유되는 것 아닌가.

70

김밥 아줌마의 "나 같은 사람도" 말에는 현대사회가 안고 있는 병리 같은 것이 느껴진다.
염세의 냄새 같은 것이다.
민주화를 넘어 산업화가 성숙되면서 나타난 양극화는 괴물이다.
사회, 경제, 문화, 교육 모든 분야에서 나타난 양극화는 사람들을 기존의 잣대로는
잴 수 없게 만들어 놓은 것이다.
사람들이 어떻게 됐다는 것인가
한말로 말할 수 없다.
A와 B 씨는 김밥 아줌마에게서 염세의 냄새를 맡았는데
쇼펜하우어의 염세주의 잔영을 본 것 같아 씁쓸하다.
쇼펜하우어는 세상 보기를
세상은 불합리하게 구성되어 있어 희열이나 행복도 덧없는 것으로 생각했다.
그러나 그도 해탈이라는 개념을 찾아내 모든 사람을 염세로부터 구했다.

71

주역에서 상생과 상극의 괘가 있는데 상생의 개념이 아무리 생각해도 뜻깊은 것 같습니다.

B 씨의 말이다.

나도 그렇게 생각합니다.

너도 존재하면 나도 존재하고, 네 안에 내가 있고 내 안에 네가 있고, 너는 나를 벗어날 수 없고 나는 너를 벗어날 수 없다는 말은 두고두고 음미할 만한 거죠.

세상을 가득 채운 사람들의 존재방식을 알려주는 것이지요.

너를 돕는 것은 나를 돕는 거죠.

너를 해치는 것은 결국 나 자신을 해치는 거죠.

적선지가 선을 쌓은 집에 경사로운 일이 넘칠 것이라는 예언과 같은 의미죠.

너는 나를 벗어날 수 없고 나는 너를 벗어날 수 없다는 말은 무엇을 뜻하겠습니까?

세상은 우주는 결국 하나라는 것이겠죠.

대단히 포커스가 큰 거죠.

A 씨 설명이다.

72

독일 염세주의 철학자 쇼펜하우어가 해탈이라는 개념을 발견해 사람들을 염세에서 구했다는 말은 무슨 말인가요?

B 씨 질문이다.

쇼펜하우어는 원래 부유한 상인의 아들입니다.

기록에 보면 그가 받은 유산으로 일생동안 일을 하지 않고도 생활을 유지할 수 있었다는 것입니다.

그의 아버지는 철학 공부를 반대했습니다.

젊은 나이에 베를린 대학 교수가 됐습니다.

그는 세상이 불합리하게 구성되어 있어 비극으로 가득 찼다는 관점을 가졌고 이를 극복하기 위한 의지가 필요하다는 것입니다.

그는 인도철학에도 조예를 갖고 있었죠.

그 의지를 그 후 해탈로 해석한 거죠.

불교의 해탈개념으로 봐도 무방합니다.

그도 행복에 접근하는 방법을 터득한 거죠.

A 씨 설명이다.

73

쇼펜하우어는 촌철살인의 명언도 많이 남긴 사람 아닙니까?

B 씨 질문이다.

그렇죠.

그중 하나는 “돈이란 바닷물과 같다.

그것은 마시면 마실수록 목이 말라진다.”입니다.

재미있는 지적이죠.

돈을 지나치게 많이 가지고 있는 것이 재앙으로 변한 사례를 흔히 보는 일입니다.

좋은 가족들이 바닷물 탐욕으로 하루아침에 비참하게 몰락하는 것입니다.

쇼펜하우어는 이런 말도 남겼습니다.
돈을 빌려달라는 것을 거절함으로써 친구를 잃는 일은 적지만, 빌려줌으로써 도리어 친구를 잃기 쉽다.
현실적인 지적이죠.
A 씨 설명이다.

74

어느 중년 신사는 어느 부유하지 못한 소녀를 도와주고 있습니다.
매월 4~5만 원 수준으로 학비에 도움을 주겠다는 취지죠.
그런데 문제가 생겼습니다.
도움을 받는 소녀가 평창 동계올림픽 때문에 유명해진 롱패딩을 입고 싶다며 그것을 선물해 달라고 요청한 것입니다.
그 신사는 그 소녀가 20만 원이 넘는 코트를 원하는 것으로 보아 그렇게 가난하지는 않다고 판단했습니다.
그래서 롱패딩을 선물해줄 수도 없고 매달 지원도 중단하기로 한 것입니다.

이 신사의 결정을 두고 사회의 반응은 엇갈립니다.
반응의 하나는 가난하다는 이유로 그것을 원할 수도 없느냐는 것입니다.
다른 하나는 그의 처지로 보아 그 수준의 희망은 지나치다는 것입니다.
A와 B 씨는 쉽게 결론내기 어렵다고 생각한 것입니다.

75

소설 서유기에서 손오공은 머리가 좋고 꾀가 비상한 친구죠.
요사이 말로는 약삭빠르죠.
그는 삼장법사를 수행해 머나먼 서방정토 인도에 불경을 가지러 가는 것입니다.
중국에서 인도까지는 수십만 리 먼 곳이며 뜨거운 태양이 내리쪼이는 사막을 횡단하는 고된 길입니다.
손오공은 삼장법사를 더는 수행하지 않기로 결심합니다.
삼장법사가 잠자리에 들자,
그 틈을 타 손오공은 도망 길에 오릅니다.

손오공에게는 근두운이라는 강력한 이동수단이 있습니다.
순식간에 10만 2천 리를 나르는 구름 자동차입니다.
손오공은 밤새 날아 새벽이 되자 땅에 내렸습니다.
아!
나는 자유다.
손오공은 외칩니다.
그리고 고개를 숙여 아래를 내려다보는 순간 또다시 경악합니다.
사람의 손바닥 지문이 보이고 그 손의 주인은 삼장법사인 것입니다.
A 씨 설명이다.
흔히 개인의 능력의 한계를 말하는
「부처님 손바닥」이야기네요.
B 씨 말이다.

76

삼장법사는 손오공이 다시는 달아나지 못하도록 벌을 내립니다.

손오공의 뇌를 좌우로 뚫는
고삐를 만들어 부착해놓는 것입니다.
손오공이 움직이거나 현재의 위치를 그 고삐를 통해 알 수 있도록 한 것입니다.
현대의 위치추적 장치인 거죠.
손오공은 도주극을 벌이기 이전보다 비교가 되지 않을 정도로 행동의 자유를 잃게 된 것입니다.
관대한 삼장법사지만 어떤 한계를 넘는 일탈에 대해서는 벌을 주는 거죠.
손오공은 뇌의 고삐가 채워진 이후 무슨 꾀를 써보려 하지만 그때마다 고삐는 더 죄어 오는 것입니다.
A 씨 설명이다.
세속에서도 손오공들이 많아 보이던데요.
B 씨 말이다.

77

롱패딩을 원한 소녀의 사연도 시사하는 바가 많은 것입니다.
우선 그 소녀는 도움을 상실한 거죠.

행복티켓을 놓친 거죠.
다른 한편으로는 익명의 신사도 마음의 상처를 입은 거죠.
어떤 딱한 불행을 돕겠다는
고상한 뜻이 꺾인 거죠.
익명의 신사가 느끼는 실망감이 소녀가 느끼는 상실감보다 클 것입니다.
가난하다고 롱패딩을 입을 자격조차 없는가의 사회 한 편의 주장이 결코 전적으로 틀린 것은 아닙니다.
이때 중용의 잣대를 대보는 것입니다.
지나친 것은 미치지 못한 것과 같다.
A 씨 설명이다.
중용의 개념은 공자 이전
주역에서 이미 강조된 거죠.
B 씨 말이다.

78

고대 그리스 사람들도 행복과 불행이 어디서 오는가에 대해 깊은 관심을 가졌습니다.

그들도 운명이라는 것이 있다고 믿었습니다.
운명에 대한 믿음은 무슨 일이 일어날지 미리 정해져 있다고 믿는 것입니다.
그래서 미리 정해져 있는 일을 미리 알 수만 있다면 굉장한 일인 것입니다.
불행을 피할 수 있기 때문입니다.
미래를 정확하게 알고 싶어 한 것은 그리스인만 아니라 다른 민족에게도 매일반이었습니다.
자신들의 운명을 어떻게
통찰할 수 있다는 건가.
여러 가지 징조로 설명할 수 있다는 것입니다.
A 씨 설명이다.
고대 그리스인들이 의존했다는 신탁을 말하는가요.
B 씨 질문이다.

79

그렇죠.
그리스인들의 신탁 이야기에 앞서 당시 철학자들이 보는 우주에 대해서 알아보는 것도 흥미롭습니다.

기원전 500년경 철학자들은 자연의 질서, 변화, 규칙을 알아내려고 애를 썼죠.

이들을 자연철학자라고 말하죠.

자연의 질서를 알아내면

앞날을 통찰할 수 있다는 거죠.

당시 소아시아에 자리 잡은 그리스 식민지 밀레토스에 살던 탈레스라는 철학자는 만물의 근원은 "물"이라고 생각한 겁니다.

그리고 "만물은 신들로 가득 차 있다"라고 말했습니다.

성경이 쓰이기 500년 전의 말입니다.

같은 지역에 산 아낙시만드로스는 이 세계를 "무한한 어떤 것"에서 생겨나 다시 그것으로 돌아가는 것으로 봤습니다.

이들을 밀레토스학파라 합니다.

A 씨 설명이다.

당시에 자연, 세계를 생각했다니 놀랍네요.

B 씨 대답이다.

80

후대의 철학자들도 탈레스가 만물은 신들로 가득 찼다는 말의 뜻을 정확히 해석하지 못했죠.
철학자들은 탈레스의 신의 뜻은 호메로스가 상상했던 신화의 신이 아닌 것은 확실하다고 보는 것입니다.
성경 이후 시각으로 보면 하느님으로 볼 수도 있죠.
탈레스 통찰력 대단합니다.
밀레토스학파 아낙시메네스는 공기 또는 대기를 만물의 근원으로 주장했습니다.
아낙시메네스는 물을 응결한 대기로 생각한 것입니다.
탈레스와 크게 다르지는 않죠.
A 씨 설명이다.
자연철학자들의 우주를 보는 시각이 심오하네요.
B 씨 말이다.

81

비슷한 시기에 소아시아 에페소스 사람으로 헤라클레이토스(기원전 540~480)라는 철학자는 자연의 기본

특성은 지속적인 변화라고 생각했다.

헤라클레이토스는 "모든 것은 흐른다"라고 생각한 것입니다.

어떤 것도 영원히 존재하지 않는다.

그는 같은 강물에 우리는 두 번 들어갈 수 없다.

강물은 흐르고 있으며 두 번째에서는 강물도 나도 처음과 달라져 있기 때문이다.

헤라클레이토스는

"신이란 낮과 밤이요 겨울과 여름이며 배부름과 배고픔"이라고 말했다.

그에게 신은 바로 그 자체 내부에서 부단히 변하는 자연이다. 헤라클레이토스는 자연의 모든 현상을 조정하는

"세계 이성"이 있다고 생각했다.

사람들은 대개 자기 생각대로 살아가는데 말입니다.

A 씨 설명이다.

헤라클레이토스 철학은

불교의 제행무상 그대로를 닮았네요.

B 씨 대꾸다.

82

고대 그리스인들은 어떤 계시를 받고 싶을 때 델포이에 있는 신전을 찾아갑니다.

델포이는 파르나소스산 동쪽에 있으며 이곳 아폴론 신전은 지중해 많은 신전 중 제일 유명한 곳이죠.

피티아라고 하는 여사제가

신탁을 받고자 하는 내용을 듣고 어떤 선택을 하라고 말해주는 거죠.

피티아는 무녀죠.

주역에 나오는 무사(巫師)와 같죠.

피티아의 말은 이해하기 어렵고 다른 뜻으로 해석될 수 있어 중간 사제들이 청원자에게 말해주기도 합니다. 피티아는 갈라진 땅 위 중간에 의자를 놓고 앉아서 갈라진 땅 사이에서 솟아나는 아폴론 신의 말을 대신하는 것입니다.

A 씨 설명이다.

피티아는 아무렇게나 말을 하나요?

B 씨 질문이다.

83

그렇지는 않죠.
다 질서가 있죠.
주역에서도 효를 빼서 무녀가 괘를 해석할 때도 일정한 규칙이 있습니다.
피티아는 무슨 괘를 보지는 않습니다.
중국 은나라 사람들이 거북껍질을 태우면서 어떤 모양으로 갈라지는가를 보면서 예언하는 것과는 달리 계속 말을 이어갑니다.
그리스 사람들은 아폴론의 지혜를 전적으로 신뢰하는 것입니다.
더러 피티아가 어떤 가스나
술에 취해 이상한 신탁을 한 일이 전무하지는 않았다고 합니다.
소크라테스도 신탁을 받은 일이 있었다고 합니다.
A 씨 설명이다.
소크라테스 같은 철학자도
신탁을 받았다면 그리스 사람들은 신탁을 꽤나 좋아했었네요.
B 씨 말이다.

84

고대 그리스인들은 건강과 질병에 대해서는 신이 주관하는 것으로 생각했습니다.
질병에 걸리면 신이 내리는 벌로 생각한 거죠.
아폴론 신전의 피티아가 받는 신탁도 질병에 관한 것이 대부분입니다.
역시 당시의 그리스인들도
행복하려면 질병에 시달리지 않아야 한다고 생각한 거죠.
그리스인들도 병이 나면 낫게 해달라고 신전에 음식을 바치고 기도를 드렸습니다.
우리 할머니들이 손자가 미열에 시달리기라도 하면
성황당이나 뒷마당 장독대에 정화수를 떠놓고
손을 비비며 삼신할머니에게 빌었던 것과 동일한 거죠.
A 씨 설명이다.
인류는 동서양 가릴 것 없이
행복이 어떤 기원에 의해서
얻어진다고 믿었네요.
B 씨 말이다.

85

신이 사람들의 건강과 질병을 주관한다는 믿음을 깨트리는 사건이 생깁니다.
히포크라테스(기원전 480~370)의 출현입니다.
히포크라테스는 그리스인들의
의료 개념을 혁명적으로 바꿔놓습니다.
질병은 신의 뜻에 따른 것이 아니고 사람 자신의 잘못으로 생겨난다는 것입니다.
히포크라테스는 인간은 자연의 일부이고 자연의 법칙을 거스를 때 질병을 얻게 된다고 본 것입니다.
히포크라테스의 이런 관점은 뛰어난 것이며 인류의 의료사에 영원히 빛나고 있는 것입니다.
히포크라테스는 평소에
극단적으로 치우치지 않는 생활 태도를 유지할 것을 요구합니다.
A 씨 설명이다.
히포크라테스의 관점은 동양의 중용사상과 동일해 보이네요.
B 씨 말이다.

86

히포크라테스는 현대에도 유용한 명언을 많이 남겼습니다.

지나친 모든 것은 자연을 거스르는 것이다.

인간은 건강할 때는 일이나 명예, 쾌락, 돈 같은 것에 몰두하다 병에 걸리면 그때서야 건강이 제일 소중하다는 것을 깨닫는 존재다.

인간은 자연의 일부이므로 자연의 순리를 거스르는 것은 자연에서 떨어져 나가는 어리석음이다.

히포크라테스는 말합니다.

최고의 운동은 걷기다.

적지도 많지도 않은 음식과

운동은 건강을 위한 가장 훌륭한 처방이다.

우리 안에 있는 자연적인 힘이야말로 모든 병을 고치는 치료제이다.

웃음이야말로 몸과 마음을 치료하는 명약이다.

A 씨 설명이다.

2400년이 지난 현대인에게도 유용한 명언이네요.

히포크라테스는 "인생은 짧고 기술(의술)은 길다"라는 명언도 남겼죠.

후세에 "인생은 짧고 예술은 길다"로 변형됐지만…
B 씨 말이다.

87

히포크라테스가 위대한 것은 유능한 의사인 것과 더불어 그 시대 전혀 생각지도 못한 철학적 발상을 해낸 것입니다.
의사들에게 인류봉사에 헌신할 것을 서약토록 한 것입니다.
이른바 "히포크라테스 선서(Hippocratic Oath)"입니다.
히포크라테스 선서 첫 구절은 나 자신을 인류봉사에 바칠 것을 엄숙히 서약 하노라입니다.
대단한 선언이지요.
인류의 질병 치료와 건강을 위해 생의 전부를 바칠 것을 요구한 거죠.
그러면서 그는 양심과 위엄으로 의술을 베풀 것, 나의 환자의 건강과 생명을 첫째로 생각할 것, 환자가 알려준 비밀을 지킬 것, 인종-종교-국적-정당-정파-사회적 지위를 초월해 의술을 베풀 것을 의사들에게 선서토록 한 것입니다.

이 선서는 2500년이 지난 현대에 와서도 의료인의 규범으로 준수되고 있습니다.

우리나라 의대 교정마다 히포크라테스 조각상과 그 밑에 선서가 새겨 있습니다.

A 씨 설명이다.

의사를 넘어 사상가, 철학자 반열에 드네요.

B 씨 말이다.

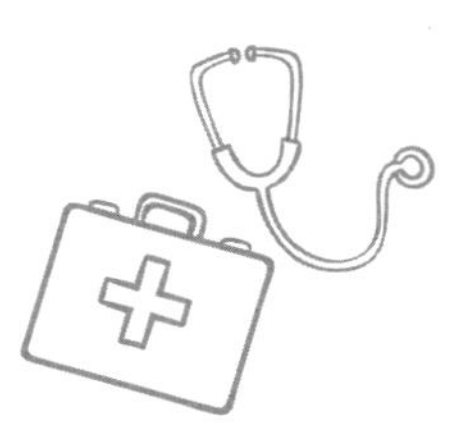

88

돈이란 바닷물과 같다는
쇼펜하우어의 비유는 그야말로 촌철살인인 것 같아요.
사람들이 그렇게 쉬운 비유를 왜 모를까요?
B 씨 질문이다.
그에 대한 답변은 간단하지 않습니다.
각 개인의 돈에 대한 기본적 인식, 철학, 환경, 사회적 여건, 성장 배경 등 고려할 사항이 많지요.
한 예로 X 씨는 연봉 2백억 원을 받는 사람입니다.
X 씨가 모시는 오너는 수십조 원을 보유한 세계적 부호입니다.
이 두 사람이 돈을 더 많이 가지려고 할 때 어떻게 해야 할까요?
두 방법 중 하나이겠죠.
즉 바닷물을 더 들이키든지
다른 하나는 가진 것을 덜어내어 바닷물 과음에서 오는 고통을 피하든지 말입니다.
A 씨 설명이다.

89

이 두 사람은 결국 돈을 더 갖기로 결정합니다.
돈을 불리는 방법으로 자기들이 소유하고 있는 기업 중 두 개를 골라 이들을 합병시켜 하나의 기업으로 만드는 것입니다.
그 과정에서 어떤 수단을 쓰느냐에 따라 거대한 돈이 불어나게 되는 것입니다.
속임수를 쓰는 것입니다.

90

그게 문제죠.
그렇기 때문에 오해를 받게 되는 것입니다.
오해는 갖은 추측을 불러일으키죠.
한 가지 말할 수 있는 것은
오너 개인의 욕망을 채워주기 위한 일이라는 것입니다.
오너는 무엇 때문에 돈이 더 필요한가.
어느 만큼 가져야 만족한가.
그 막대한 돈이 행복을 가져다줄 수 있을까.

그 두 사람은 돈을 불리는 계획에 성공합니다.
그러나 그 이후가 문제였다.
그들이 돈을 키우는데 사용한 부정한 수단 때문에 결국 사법처리되는 비극을 맞이한 것입니다.
A 씨 설명이다.
그러네요.
씁쓸한 이야기네요.
B 씨 말이다.

91

미국 부호들의 이야기는 흥미 있습니다.
그중 존 데이비스 록펠러 이야기는 압권입니다.
록펠러는 원래 중소기업의 경리직원으로 사회생활을 시작했지요.
그러다 임금 문제로 회사를 튀어나와 사업을 시작한 것입니다.
그는 그가 사는 클리블랜드에서
유전이 발견되고 석유가 생산되면서 석유사업에 뛰어듭니다.
당시 석유는 등잔불을 켜는 용도로 사용되는 정도죠.
록펠러는 석유가 장차 모든 연료로 사용되리라고 예측하고 이 사업에 전력투구합니다.
록펠러는 사업 성공을 위해
수단 방법을 가리지 않습니다.
사업라이벌을 제압하기 위해서는 무자비하고 잔인한 수단을 쓰고 비열한 꾀를 사용하는 것도 서슴지 않았죠.
한 예로 당시 1갤런 당 30센트 등유 값을 6센트로 낮춰 팔았습니다.
동업자들은 록펠러의 덤핑공세에 속수무책입니다.

A 씨 설명이다.

소비자들에게는 반가운 일이었겠네요.

B 씨 대답이다.

92

록펠러는 27살 때 미국의 갑부가 됐고 1870년 스탠더드 오일을 세워 미국의 석유 시장 95%를 장악합니다.

그의 순자산은 172조로

빌 게이츠의 3배가 넘는 것입니다.

그는 부를 키울 때 확실한 목표를 정했습니다.

내가 세계 최고의 갑부가 되겠다.

그는 목표를 달성한 것입니다.

그는 55세 때 프레드릭 테일러 게이츠라는 목사로부터 이제 모든 것을 내려놓으시죠라는 말을 듣습니다.

그는 그때부터 모든 것을 내려놓기 시작합니다.

그는 스트레스성 소화불량, 우울증까지 있었지만 모든 것을 가볍게 비우면서 병이 치유되어 당시로서는 드문 98세까지 장수합니다.

그가 세운 시카고대학은 노벨상 수상자를 가장 많이

배출함으로써 인류에게 혜택을 준 거죠.
A 씨 설명이다.
한국과 미국의 부호들의 돈을 보는 시각, 부를 키우는 목표, 그것들을 소비하는 방법이 확실하게 차이가 나네요.
B 씨 말이다.

93

미국의 부호들은 스스로
자기들이 할 수 있는 한계와 하지 말아야 할 것을 깨닫고 있다고 할 수 있죠.
마이크로소프트의 빌 게이츠, 페이스북 창시자 저커버그, 투자의 귀재 워런 버핏 등 최상위 부호들은 거의 전 재산을 사회에 기부합니다.
스스로 하는 거죠.
저커버그는 재산의 97%를 기부하겠으며 오직 3%만을 소유하겠다고 약속합니다.
이들은 돈이 많다는 이유만으로 존경을 받고 있습니다.
그들은 성공했다고 인정받고 있는 것입니다.

그들은 많은 사람을 유쾌하게 만드는 것이지요.

많은 사람들에게 희망의 티켓을 주는 것입니다.

A 씨 설명이다.

약간 비참한 생각이 드네요.

우리의 부호들과 비교할 수밖에 없는데 말입니다.

B 씨 말이다.

94

톨스토이가 쓴 "사람에게는
얼마만큼의 땅이 필요한가"
라는 우화를 말해 보죠.
러시아에 바흠이라는 농부가 있습니다.
바흠은 자기 땅은 한 평도 소유하지 못하고 소작으로만 겨우겨우 생계를 유지합니다.
어느 날 마을 이장이 다른 지역으로 이주하게 되어 그가 소유한 땅이 매물로 나옵니다.
바흠은 모든 친척들에게서
돈을 마련, 이장의 땅 일부를 매입합니다.
소작인의 신분에서 지주로
변했으며 생활이 나아졌습니다.
그런데 바흠의 가슴을 뛰게 하는 소식이 들려옵니다.
그리 멀지 않은 지역의 촌장이 비옥하고 광활한 땅을 좋은 조건으로 매각한다는 것입니다.
A 씨 설명에 B 씨는 궁금해하면서 다음 이야기를 재촉합니다.

95

농부 바흠은 단숨에 그곳으로 달려갑니다.
현재 그는 지주이고 생활이 웬만큼 나아진 것을 잊고 말입니다.
현지에 도착해 보니 땅을 파는 조건이 너무 환상적입니다.
땅값은 일정하며 출발점을 떠나 당신이 밟고 온 땅이 바로 당신 것이 된다는 것이었습니다.
바흠은 이튿날 동트기 전에
출발점에 나아갑니다.
촌장은 출발 전에 말합니다.
해가 지기 전에 출발점에 도착해야 한다고.
바흠은 열심히 달리면
100만 평은 소유할 수 있겠다고 생각합니다.
그는 거부가 되는 꿈에 열심히 달립니다.
달려갈수록 땅은 더 비옥합니다.
해는 정오를 지납니다.
바흠은 조금만 더 나아가 돌아가려니 생각합니다.
바흠은 이 정도면 땅은 되었다 생각하고 되돌아가기 시작합니다.

해를 보니 서산으로 기울기 시작했습니다.
저 멀리 촌장과 마을 사람들이 그를 기다리고 있습니다.
해는 서산으로 지기 시작했습니다.
바흠은 모든 힘을 다해 달렸습니다.
바흠은 촌장 바로 앞까지 달려왔으나 그곳에서 쓰러져 숨을 거둡니다.
A 씨 설명이다.
시사하는 바가 많은 우화네요.
B 씨 말이다.

96

톨스토이의 명작 "사람은 무엇으로 사는가"도 흥미진진한 이야기다.
시몬은 농촌에서 구두 수선으로 근근이 먹고사는 구두 수선장인이다.
남의 집에 세 들어 살지만 친절한 성품의 사람이다.
시몬은 겨울이 오자 마누라와 함께 입을 코트를 마련하기 위해 시장에 양가죽을 사러 간다.
시몬은 그동안 외상으로 수선해준 외상값이 5루블이

되기 때문에 좋은 양가죽을 구할 수 있다고 생각했다.
시몬은 마누라 쌈짓돈까지 빌려서 나갔다.
시몬은 겨우 20코페이카만 수금하는 데 그쳤다.
2루블만 수금했어도 질은 낮지만, 양가죽을 구입할 수 있을 텐데.
시몬은 홧김에 그 돈으로
보드카를 마셔버리고 집으로 돌아가는 길이었다.
시몬은 길모퉁이에 있는 교회 담벼락에 기대앉은 희미한 물체를 발견했다.
A 씨 이야기는 더 계속된다.

97

시몬은 집에 돌아가서 성질 사나운 아내 마트료냐 생각으로 걱정이 돼 그냥 지나칠까 하다, 그럴 수 없어 그 물체에 다가가 보았다.
시몬은 놀랐다.
그 물체는 발가벗고 있는 사람이었다.
시몬은 어떻게 해서 이 겨울에 여기 있게 되었느냐는
시몬 물음에는 아무 대답이 없고

다만 이름이 미카엘이라고만 짧게 대답할 뿐이었다.
시몬은 어떻게 해야 할지
난감했다.
집에는 빵도 충분히 없을 텐데.
시몬은 그러나 미카엘에게
자기 집으로 가자면서 자기
낡은 섬유 코트를 입혀주었다.
마트료냐는 시몬이 술에 취해 낯선 손님까지 동반해오는 것을 보고 화를 내면서 욕설을 서슴지 않았다.
A 씨 이야기는 계속된다.

98

마트료냐는 벌거벗고 있는
미카엘이 애처로워 보였고
동정심이 들려는 순간
미카엘의 입가에는 미소가 지나가는 것이었다.
미카엘은 마트료냐의 마음에 변화가 일어나는 것을
알아차린 것이다.
마트료냐는 내일 아침을 위해 남겨놓은 빵을 내놓았다.

미카엘은 한 식구가 되었고
구두 수선하는 일에 쉽게 익숙하게 돼 훌륭한 조수가 되었다.
시몬은 미카엘을 만난 것을
만족해하면서 구두수선 일감도 늘어나는 것에 행복해 했다.
그러던 어느 날 굉장한 손님이 들어와 까다로운 일감을 주문했다.
B 씨는 A 씨에게 이야기를
계속해 달라고 한다.

99

손님은 장군이었다.
큰 키에 몸이 비대한 장군은
보좌관이 들고 온 독일제 고급 가죽을 내놓으며 1년을 신어도 실밥이 터지지 않는 단단한 구두를 만들어달라는 것이었다.
장군은 만일 좋은 구두를 만들지 못하면 엄한 벌을 내리겠다고 위협했다.

시몬은 주저했다.
처음 보는 고급 가죽을 다루는 것도 쉽지 않지만, 장군의 위협에 겁이 났다.
그러나 미카엘은 주문을 받으라고 눈짓을 했다.
시몬은 마지못해 주문을 받았다.
미카엘은 주저 없이 작업을 시작했다.
얼마 후 시몬은 미카엘이 작업하는 것을 보고 너무 놀랐다.
미카엘은 구두 대신 슬리퍼를 만들고 있는 것이 아닌가!
시몬은 미카엘을 질책하면서 우리는 처형된다면서
겁에 질려 했다.
그 순간 장군의 보좌관이 급히 들어오면서 구두 대신 슬리퍼로 만들어 달라고 말했다.
장군님이 돌아가는 길에 마차 안에서 사망했다는 것이었다.
A 씨 설명은 계속된다.
시몬은 미카엘에게 묻는다.
장군이 사망할 것을 어떻게 알 수 있었는가?
미카엘은 미소 지으면서
장군이 가게에서 나갈 때 그 뒤에 사망의 천사가 있는 것을 보았다고 대답한다.

100

그 뒤 한 부인이 두 여자아이를 데리고 와 두 아이의 구두를 만들어 달라고 했다.

미카엘은 부인을 유심히 쳐다보며 친 아이들이냐고 물어본다.

그 부인은 사실은 이웃집 아이들인데 애들 어머니가 출산 후, 얼마 되지 않아 사망해 데려다 길렀다고 말한다.

그러자 미카엘은 아, 바로 그 애들이라고 확인하면서 사실은 하느님이 이 애들 어머니 생명을 거두어오라는 명령을 받고 지상에 와보니

사정이 딱해 차마 거두지 못했으며 그 벌로 지상으로 쫓겨나와 교회 담벼락에 앉아있었다는 것이다.

B 씨는 아직 이야기가 끝나지 않은 것 같다며 A 씨에게 나머지 이야기를 청했다.

101

미카엘은 이 쌍둥이 아이들을 만남으로써 하느님의 벌이 끝났다고 말했다.
미카엘이 말을 마치자마자
양어깨에 날개가 돋아나고
방 안이 번쩍 빛나면서
미카엘은 하늘로 올라갔다.
천사 미카엘의 이야기다.
하나님은 미카엘에게 벌을 주면서 세 가지 질문에 대한 해답을 찾으라고 했다.
첫째 사람의 마음속에는 무엇이 있는가?
둘째 사람에게 주어지지 않은 것은 무엇인가?
셋째 사람은 무엇으로 사는가?
톨스토이는 1885년에 발표한 단편소설 "사람은 무엇으로 사는가"에서 3가지 질문을 던진 것입니다.
해답은 독자들이 각자 찾아보는 것이 좋을 것입니다.
A 씨 설명이다.
해답은 사람에 따라 다를 수도 있겠네요.
B 씨 말이다.

버트런드 러셀은 20세기 지성이라는 존칭이 붙는 분이죠.
철학, 수학, 과학, 물리학 분야에 조예가 깊고 1950년 노벨문학상을 받은 문필가죠.
그는 1930년 "행복의 정복"이라는 책을 내 어떻게 하면 행복할 수 있는가에 대한 해답을 찾으려고 했죠.
그가 책 이름을 행복의 정복이라고 다소 도발적인 것으로 택한 것이 재미있습니다.
그는 행복이란 그냥 굴러들어오는 것이 아니라 쟁취하는 것으로 파악했습니다.
행복해지려고 부단히 노력하면 행복해진다는 것입니다.
A 씨 설명이다.
흥미 있어 보이네요.
행복에 대한 시각이 동양의 그것과 차이가 있어 보입니다.
동양은 수동적이라면 서양은 능동적인 것 같네요.
B 씨 말이다.

103

러셀은 행복은 부분적으로는 외부의 환경에, 부분적으로는 자기 자신에게 달려있다고 보는 것입니다.
이 부분에만 한정해서 본다면 행복의 비결은 매우 간단하다는 견해에 도달한다는 것입니다.
러셀의 행복관은 주관적입니다.
대부분의 사람들은 감옥에 갇힌 상태에서 행복을 누리려고 하는데 이것은 본질적으로 불가능하다.
러셀은 위험한 감옥 중의 하나가 자기를 스스로 자기 안에 가두는 "감정"이라고 지적한다.
이런 감정들 가운데 가장 흔한 것이 두려움과 질투, 죄의식, 자기 연민 그리고 자아도취다.
이런 감정에 빠진 사람들의 욕망은 자신에게 집중한다.
이런 사람들은 외부 세계에는 아무 관심이 없고 자신의 이기심을 충족시키거나 자신이 상처받지 않는 데만 관심이 있다.
A 씨 설명이다.
그렇겠네요.
그런 이기적인 사람이 행복감을 느끼기 어렵겠네요.
B 씨 대구다.

104

러셀은 자기부정이라는 감정이야말로 행복이 당신 곁을 떠나게 하는 큰 이유 중 하나라고 말한다.
자신을 긍정하지 못하고 부정하게 될 때 불행은 시작된다고 말합니다.
러셀은 불행한 사람은 불행한 신조를 선택하고 행복한 사람은 행복한 신조를 선택한다고 말합니다.
대부분의 사람들이 행복을 누리기 위해서는 반드시 필요한 것들이 있다.
양식, 주택, 건강, 사랑, 훌륭한 직업, 자신이 속한 사회의 존경 같은 단순한 것들이다.
그러나 이런 것들이 충족되고 있거나 제대로 노력하면 얻을 수 있는 경우에도 여전히 불행한 사람들이 있다.
이런 사람들은 특정한 "심리적 부적응"을 겪고 있는 것이다.
러셀은 이런 사람들은 정신과 의사의 치료를 받을 것을 권한다.
A 씨 설명이다.

러셀의 행복에 대한 접근법은 심리학적 측면이 강하네요.
B 씨 말이다.

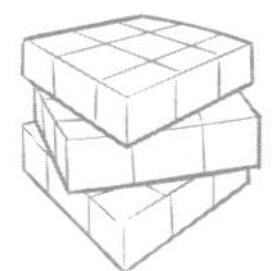

105

러셀은 열정과 관심을 자기 내부가 아니라 바깥 세계에 쏟는 것만으로도 누구나 행복을 성취할 수 있다고 말합니다.
그러므로 우리는 교육을 통해서 그리고 자신을 세계에 적응시키기 위한 여러 가지 시도들을 통해서 감정적으로 자신에게 몰입하는 것을 피하라고 합니다.

또한 늘 자신에게만 집중하는 것을 막을 수 있도록 "애정의 대상과 관심거리를 찾기 위해 노력할 것을 권합니다."
러셀은 자기중심적인 감정들이 지닌 커다란 약점 중 하나는 다채로운 생활을 허용하지 않는다는 점이다.
자기 자신만을 사랑하는 사람은 결국 자신이 열정을 바치는 대상이 늘 변함없다는 것 때문에 견딜 수 없는 권태에 시달리게 마련이라고 지적합니다.
A 씨 설명이다.
러셀의 통찰이 예리하네요.
B 씨 말이다.

106

러셀은 행복한 사람은 자유로운 애정과 폭넓은 관심을 가지고 객관적으로 살아가는 사람이라고 말합니다.
그는 이런 애정과 관심을 베풀면 자신도 다른 많은 사람들의 애정과 관심의 대상이 됨으로써 자신의 행복을 확고히 한다는 것이다.
넓은 의미에서 보면 사랑을 베푸는 사람이 사랑을 받

는다는 것입니다.

러셀은 그러나 그런 애정과 관심이 순수하지 않으면 안 된다고 강조한다.

이자를 받을 생각으로 돈을 빌려주듯이 되돌려 받을 것을 계산해서 사랑을 베푸는 것은 허망한 일이다.

사랑을 받는 사람도 진정한 사랑이라고 느끼지 않을 것이다.

A 씨 설명이다.

러셀의 이 말은 주역에서
선한 일을 쌓아 올린 집안은
경사로 보답받게 된다는 것과
다르지 않네요.

B 씨 말이다.

107

러셀은 행복한 삶은 선한 삶과 대단히 흡사하다고 말합니다.

러셀은 이렇게 물어보고 있습니다.

어떤 남성이 어떤 여성에게 청혼을 하면서 당신을 위

해서라면 자신의 행복을 단념하겠다고 말하면 그 여성은 기뻐하겠는가.
러셀은 그 여성은 아마 흡족해하지 않을 것이라고 말합니다.
우리는 마땅히 사랑하는 사람의 행복을 바라야 한다.
그러나 자신의 행복을 포기하고 상대방의 행복을 바라는 것은 옳지 않다.
러셀은 또 꽤 까다로운 퀴즈를 냅니다.
만일 물에 빠진 아이를 보고
나는 선한 사람이 되길 원하니까 그 아이를 구했다면 그 사람의 도덕성이 높아졌다고 할 수 있겠는가.
러셀은 NO라고 말합니다.
A 씨 설명이다.
러셀은 순수함에 꽤 엄격한 지성인이었네요.
B 씨 말이다.

108

러셀의 행복론에서 제일 어려운 점은 자기부정 이론입니다.

러셀은 자꾸 자신은 우주를 구성하고 있는 한 구성원임을 자각하고 우주가 베푸는 아름다운 광경과 기쁨을 누리라고 권합니다.
러셀은 세상의 기준에 맞추느라고. 혹은 종교적인 계명에 순종하느라고 자신이 원하는 것과 정반대의 삶을 살지 말 것을 말합니다.
그러나 종교에서는 이와 정반대로 계명에 순종하는 것이 최고의 선으로 규정하고 있는 것입니다.
종교에서는 "나"라는 존재는 부정되며 종교의 계명 속에서만 존재하는 것입니다.
러셀은 자신의 욕구와 관심을 부정하는 태도는 나와 세상이 대립하고 있다는 견해에 서 있는 것입니다.
A 씨 설명이다.
행복에 도달하는 길도 다양하고 시각의 차이도 크네요.
B 씨 말이다.

109

버트런드 러셀은 그의 행복론에서 자신이 남다르게 행복을 누리고 있는 비밀을 말합니다.

그도 선천적으로 행복한 사람은 아니었다.
다섯 살 어린 나이에 그의 앞에 길게 뻗어있는 인생의 지루함은 얼마나 견디기 어려운가를 생각했으며
사춘기 때는 삶을 증오해서 늘 자살할 생각을 품고 있었다고 말합니다.
수학에 대해 좀 더 알고 싶다는 욕구 때문에 자살 충동을 억제할 수 있었다고 말합니다.
하지만 지금(행복론 집필 시)은 삶을 즐기고 있다.
한해 한해를 맞을 때마다 삶은 더 즐거워질 것이다.
러셀은 이렇게 삶을 즐기게 된 비결은 내가 가장 갈망하는 것이 무엇인지 알아내서
대부분은 손에 넣었고
본질적으로 이룰 수 없는 것들에 대해서는 깨끗하게 단념했기 때문이다.
무엇보다도 내가 삶을 즐기게 된 주된 비결은 자신에 대한 집착을 줄였다는 데 있다.
A 씨 설명이다.
이룰 수 없는 것에 대한 깨끗한 단념, 자신에 대한 집착을 줄이는 것이 몹시 어려운 일인데 러셀은 내공이 꽤 높은 수준이네요.
B 씨 말이다.

110

러셀은 그가 만난 사람 중 행복에 가득 찬 삶을 산 사람을 소개합니다.
그중 한 사람은 우물 파는 직업을 가진 사람입니다.
그의 행복은 지적인 것과는 아무런 관계가 없었다.
그는 글을 읽을 줄도 쓸 줄도 몰랐다.
그는 신체 건강하고 일거리 넉넉하고 땅속에 박힌 바위처럼 꽤 힘든 장애물을 이겨내는 것만으로도 행복해한다.
다른 한 사람은 그의 정원사다. 그는 일 년 내내 토끼들과 씨름한다.
그는 토끼에 관해 이야기할 때면 런던 경시청장이 볼셰비키에 대한 설명할 때와 마찬가지로 자신만만하게 설명한다.
칠십이 넘은 그는 하루 일을 마치고도 20킬로 넘는 길을 자전거를 타고 다니며 일을 찾는다.
하지만 그는 마르지 않는 기쁨의 샘을 가지고 있는데 그것이 토끼들이다.
러셀은 행복을 두 가지로 나누는데 하나는 모든 인간에 허용되는 행복이고 다른 하나는 글을 읽고 쓸 줄 아는 사람에게만 허용되는 행복이라고 분류한다.

러셀은 자신의 능력을 과대평가하지 않는 사람만이 행복을 누릴 수 있다고 말한다.

A 씨 설명이다.

러셀은 철저하게 겸손함을

존중하는 철학자네요.

B 씨 말이다.

행복티켓 판매소 III

행복티켓 판매소 III

111

고대 그리스 철학자 아리스토텔레스는 그의 윤리학 강의에서 행복에 대해서 말합니다.
행복한가, 그렇지 못한가는
결국 우리 자신에게 달려있다.
그는 행복한 생활은 덕에 의한 경우가 많다고 말합니다.
2300년 전에 행복이 덕에 연결돼
있다는 것을 간파한
그의 통찰력이 놀랍지요.
그는 덕은 중용을 지키는 것이고 덕을 실천하는 사람.
생활 속에서 덕을 베푸는 사람 그런 사람에게 행복이 따른다고 했습니다.
그가 말하는 행복을 우리가 흔히 말하는 "복"으로 단어를 대체해도 무방하겠죠.
아리스토텔레스는 행복해지고 싶거든 덕에 의한 생활을 하라는 명언을 남깁니다.

A 씨 설명이다.
동서고금을 통틀어 보아도
인류의 어떤 높은 가치에 도달하려는
의지는 거의 닮았네요.
B 씨 말이다.

112

A와 B 씨는 티켓 구매 행렬에
합류한 지 15시간도 넘었다.
티켓 판매소가 아스라이 눈에 들어오는 거리에까지 왔다.
배도 고프고 피곤하다.
그런데 삼십 대 후반의 신사가 다가와 명함을 내밀고
인사를 청한다.
명함에는 (주)낙관주의 부장 Y라고 쓰여 있다.
Y 부장은 낙관주의 티켓을
설명하기 위해 왔다며
행복과 낙관은 서로 연관되어 있어 한쪽만 아는 것은
부족하다고 말한다.

우리가 흔히 낙관주의를 설명할 때 컵에 물이 반이 있을 때 낙관주의자(Optimist)들은 아직도 반 잔(half full)이라 하고 비관주의자(Pessimist)들은 반 잔밖에 (half empty)라고 합니다 라며 Y 부장은 설명한다.
A와 B 씨는 많이 들어온 이야기지만 계속 들어보기로 한다.

113

Y 부장의 설명은 계속된다.
심리학에서는 낙관주의와 비관주의를 좀 더 세밀한 척도를 사용합니다.
자기인식이론에서 자기 자신에게 주의를 향해야만 할 상황에서는 이상적 자기(ideal self. 그렇게 되고 싶은 자기)와 현실적 자기(real self)를 비교하게 됩니다.
이상적 자기와 현실적 자기에 차이가 있을 경우 불쾌감을 느끼게 됩니다.
그 결과 불쾌감을 극복하려고 현실적 자기를 이상적 자기에 가깝도록 노력하게 됩니다.
이때 노력하면 차이를 극복할 수 있다고 생각하는 사

람은 낙관주의자이고
아무리 노력해도 차이를 극복하는 것이 어렵다고 생각하는 사람은 비관주의자입니다.
한 사회 전체에서 낙관주의와 비관주의 비율이 어떻게 되어 있고 무엇이 왜 그런 비율로 만들게 되었는가를 아는 것은 그 사회 행복도를 파악하는 데 중요한 요소가 됩니다.
A와 B 씨는 Y 부장 설명에
흥미를 느끼고 있다.

114

Y 부장의 설명은 계속됩니다.
낙관주의는 18세기 계몽주의 철학사상이 세계를 휩쓸고 있을 때 생겨났죠.
계몽주의는 이성과 진보를 앞세워 구습 타파를 전방위적으로 외친 혁신적인 사조죠.
낙관주의 모태는 독일 철학자 라이프니츠의 예정조화설입니다.
라이프니츠는 세계는 신에 의해 조화롭게 예정되어 있

다는 것입니다.
따라서 개인의 행·불행은 모두 신에 의해 조화롭게 조정된다는 것입니다.
그러나 볼테르는 이에 반기를 듭니다.
낙관주의는 구습으로 가난하고 헐벗은 사람들을 현혹시키고 있다고 주장합니다.
볼테르는 비관적인 일들을
모르는 척하며 시대를 병들게 한다는 것입니다.
이것이 볼테르의 비관주의 이론입니다.
이런 사조는 세계에 수많은 시민혁명에 영향을 주었으며 사람들의 행복을 새롭게 인식하도록 한 것입니다.
Y 부장의 설명은 계속된다.

115

행복한 사람이 낙관적일까?
낙관적인 사람이 행복할까?
낙관이 먼저냐, 행복이 먼저냐의 물음이다.
Y 부장 말이다.
같은 일을 경험하더라도 얼마나 낙관적인 태도를 갖느

냐에 따라 행복감에 차이가 있다는 것은 정설입니다.
개인의 행복 정도가 소득이나 신체적 정신적 건강뿐 아니라 대인관계에서도 긍정적인 영향을 미친다는 것이 밝혀졌습니다.
서울대 행복연구센터에서
서울 소재 대학생 270명을 대상으로 낙관성과 행복도와의 연관성을 조사했습니다.
낙관성이 행복의 원인이 될 수는 있지만, 행복이 낙관성의 원인이 될 수 없다는 것입니다.
낙관성의 사람들은 어떤 부정적인 일이 생겼을 때 그 일이 일시적이고 그 사건에만 한정되며 자신과는 관련이 없는 외부요인에 의한 것으로 생각합니다.
Y 부장 설명이다.
A와 B 씨는 개인의 행복이 외부요인 외에도 본인의 성향에도 크게 의존된다는 것을 알았다.

115-1

긍정심리학에서는 낙관주의자나 비관주의자는 크게 다르지 않다고 생각합니다.

삶이 우리에게 지우는 비극이나 좌절의 짊을 어떻게 처리하느냐에 따라 차이가 날 뿐이라는 것입니다.
낙관주의자는 그것을 잘 견딜 뿐이다.
낙관주의자는 실패해도
다시 일어난다.
반면 비관주의자는 쉽게 포기하고 우울해진다.
낙관주의자는 빨리 회복하기 때문에 더 많은 것을 이룬다.
따라서 건강상태도 좋으며 수명도 길다.
미국의 한 병원에서 1960년대부터 40년간 900명의 환자를 대상으로 실험한 결과
비관주의자들이 낙관주의자들에 비해 우울증 확률 8배
수명도 16년이나 짧다.
또한 각종 학업이나 스포츠
직업 활동에서도 저조한 성과를 낸다.
Y 부장의 설명이다.
A와 B 씨는 낙관과 비관의 차이가 그렇게 큰 것에 놀라움을 금치 못한다.

116

진화심리학자들은 비관 성향이 선천적으로 물려받은 것인지 후천적으로 습득한 것인지에 대해 연구합니다. 학자들은 이것이 선천적이라면 속수무책으로 생각합니다.

그러나 미국의 텍사스대 로버트 모기스 교수는

한 가지 실험을 통해서 과연 선천적이라 하더라도 이를 개선할 수 있는 어떤 길이 있나를 찾아보기로 한 것입니다.

모기스 교수는 생쥐들을

두 무리로 나누어 물통에

빠뜨립니다.

생쥐들은 죽지 않으려고 헤엄쳐 나오려고 합니다.

그런데 한 물통에는 돌을 넣어놨습니다.

기진한 생쥐들이 돌에 발이 닿아 쉬게 한 것입니다.

생쥐들을 다시 한번 물통에 집어넣었습니다.

이번에는 돌을 넣어두지 않았습니다.

그런데 첫 번째 실험에서 돌을 밟아 쉬었던 생쥐들은

다른 생쥐들보다 2배 이상이나 더 헤엄쳤습니다.

모기스 교수는 이 실험을 통해 사람도 낙관주의로 학

습될 수 있다고 확인한 것입니다.
Y 부장의 설명이다.

117

이를 더 확실하게 위해 개에게도 실험을 해봤습니다.
개 우리 바닥에 전류가 흐르게 했습니다.
개는 금방 우리를 튀어 나가
다른 우리로 갔습니다.
다음에는 그 우리에도 전류가 흐르게 했더니 튀어나가지 않고 신음만 하고 있는 것입니다.
이 같은 일은 인간에게도 일어난다는 것입니다.
아이에게 나쁜 일이 일어나더라도 낙관적으로 생각하도록 학습하는 것입니다.
부모들은 계속 반박을 통해서 학습을 시키는 것입니다.
사소한 학습들이 쌓여 좋은
결과를 낳을 수 있다는 것이
실험을 통해서 확인되는 것입니다.
Y 부장 설명이다.
A와 B 씨는 후천적으로도

학습을 통해 행복해질 수 있다고 깨닫는 것입니다.

118

(주)낙관주의 Y 부장은 설명을 들어줘 감사하다며 A와 B 씨와 헤어졌다.
그런데 다른 한 사람이 명함을 내밀며 다가왔다.
그 명함에는 (주)손자병법사의 T 부장이라고 적혀있다.
T 부장은 행복해지기 위해서는 병법도 어느 정도 아는 것이 필요하다고 말한다.
버트런드 러셀도 행복은
굴러들어오는 것이 아니라 쟁취하는 것이라고 말했습니다.
쟁취는 싸워서 얻는 것입니다.
싸움에서 이기려면 병법을 아는 것이 필수입니다.
병서도 여러 종류입니다만 손자 씨의 것이 으뜸입니다.
T 부장 말이다.
A와 B 씨는 흥미 있다고 생각했다.
행복과 병법 무슨 연관이 있을 수도 있겠다.
행복시장도 제로썸게임룰이 있을 수 있기 때문에 최소

한 본전이라도 건지기 위해서는 병법의 기본지식은 약간 필요하다.
그래야 불행해지지는 않을 테니까.

119

T 부장은 장수가 어떻게 해야
불패의 태세를 가출 수 있겠는가 질문을 던진다.
답이 많겠다.
책 몇 권이 나올 수도 있다.
그러나 이 문제를 푸는데 가장 간편한 방법은 반대로 생각해보는 것이다.
먼저 어떤 장수가(개인이) 착오나 잘못을 저질러 실패하기 쉬운가를 살펴보는 것이다.
손자 씨는 다음과 같은 부류들이 잘못을 저지르기 쉽다고 지적한다.

1. 목숨을 걸고 싸우는 이
2. 죽음을 두려워하는 이
3. 자존심이 강한 이
4. 조급한 이

5. 마음이 약한 이

손자는 이 다섯 가지를 치명적인 약점이라고 규정한다. 손자는 이런 약점을 가진 사람은 병사를 데리고 전쟁에 나가기 부적절하며 적어도
뛰어난 장수는 될 수 없다고
말한다.

120

T 부장은 위 다섯 가지 유형의 사람들이 실패할 가능성이 높은 것에 대해 설명해준다.
장수가 죽을 각오를 한 필사(必死)가 왜 약점인가.
우습지 않은가.
손자는 그러나 치명적 약점이라고 말한다.
아직 전쟁에 나가지도 않았는데 처음부터 살아서 돌아올 생각하지 않는 것은 잘못이다.
전쟁에 나가는 것은 이기러 가는 것이다.
필승이어야지 필사는 아니다.
자신을 보호하지 않는 사람은 적을 물리칠 수 없다.

적을 두려워하지 않으면 경솔해져 덤벙대기 일쑤다.
따라서 어떤 장수가 필사의 신념으로 전쟁에 나간다면 이기지 못하고 지기 쉽다.
A와 B 씨는 기개가 넘쳐 말을
앞세우다 실패하는 것으로 이해한다.

121

T 부장은 필생(必生)에 관해서 설명한다.
무엇이 필생인가.
아직 전쟁이 시작되지도 않았는데 살아 돌아올 일만 궁리하는 것이다.
전쟁은 죽음과 무관치 않다.
살아서 돌아오는 것은 행운이다.
그래서 손자는 살고자 애쓰고 죽음을 두려워하는 자는 포로로 잡히기 쉬운 자들이라고 했다.
살려고 하는 것은 사람의 본능이다.
사람이 막다른 골목에 이르러 절체절명의 상태에 이르게 되면 비로소 죽음을 무릅쓰고 달려든다.
손자는 망할 수밖에 없는 곳에 던져진 다음에야 존속

할 수 있고 사지에 빠져봐야 생존할 수 있다고 말한다. A와 B 씨는 미리 겁먹고 뒤로 물러나는 사람들이 이루는 것은 아무것도 없다는 것으로 이해한다.
이순신 장군의 사즉생(死卽生), 죽음을 각오하면 반드시 살아남는다를 떠올린다.

122

T 부장의 다음 이야기는
"조급한 이"에 대한 것이다.
손자는 이 약점을 분속이라고 했다.
조바심이나 초조함, 쉽게 화를 내거나 격노하는 것을 말한다.
사람들이 어떨 때 조바심이나 초조해하는가.
사람들은 누구나 크든 작든
어떤 문제들을 가지고 있다.
그리고 이 문제들을 풀어야 하고 풀려고 한다.
이때 어떤 자세로 문제에
접근하느냐는 개인차가 있다.
천차만별이다.

손자는 말한다.
한번 자극하면 마치 싸우기 좋아하는 수탉처럼 펄쩍 뛰어오른다.
이런 사람은 희롱하기 딱 좋은 사람이라고 했다.
어떻게 희롱하는가?
조호이산(調虎離山). 호랑이를 유인해서 산을 떠나게 하는 것이다.
쉽게 격노하고 조바심을 일으키는 사람은 머리를 쓰기 전에 일을 저지른다.
이런 사람들은 상대에게 속아 상대가 쳐놓은 올가미에 쉽게 빠진다.
A와 B 씨는 실패하는 사람들에게 흔히 볼 수 있는 성향이라고 동의한다.

123

T 부장의 다음 이야기는

"자존심이 강한 이"에 대한 이야기다.

자존심이 강한 것이 왜 약점인가.

청렴과 결백이 어찌 약점이 될 수 있는가.

손자는 그렇다고 말한다.

그렇다면 탐욕과 부패가 강점이 된다는 건가.

손자는 자존심이 강한 자는

명성을 좋아한다.

이런 사람들은 매사에 자중자애하고 자신의 명예를 중시한다.

그들에겐 명예가 목숨보다 중요하다.

손자는 염결가욕. 수치스럽게 하거나 욕보일 수 있다고 했다.

그들을 치욕스럽게 하면 어떻게 되는가.

역사상 강직한 선비를 수치스럽게 농락해 몰락케 한 예는 수없이 많다.

선비는 죽일 수 있으나 욕보일 수는 없다는 말이 있다.

선비에게 치욕이란 죽음보다 더한 것이다.

선비에게 치욕스럽게 하면

펄쩍 뛰며 어쩔 줄 몰라 한다.
결국 적의 꾐에 빠진다.
A와 B 씨는 이런 일이 역사상 무수히 일어났으며 개인은 물론 국가 운명까지도 바꿔놓은 사례에 분노를 느낀다.

124

T 부장의 다음 이야기는
"마음 약한 이"에 대한 이야기다.
손자는 애민, 즉 백성을 사랑하는 것도 장수의 약점이라고 했다.
백성을 사랑하는 것이 왜 약점인가.
그렇다면 백성들의 생사나 안위를 돌보지 않는 것이 옳다는 것인가.
이에 대해서는 후세의 손자병법을 연구하는 학자들의 견해가 일치하지 않는다.
손자는 사병들을 지나치게 후대하면 부릴 수 없고 지나치게 아끼면 지휘할 수 없으며 규율을 어겨도 다스리지 못할 것이라고 했다.

지휘자들에게 몹시 어려운 문제다.
지휘자는 나약하고 주저하며 괜히 다정한 척하고 꾸물거려서는 안 된다.
손자가 말한 애민이 약점이라고 말한 것은 마음이 여려서는 안 된다는 것으로 해석하는 것이 주류의 견해다.
A와 B 씨는 손자는 탁월한
병법가이면서 사람을 이해하는 능력이 뛰어나다고 생각했다.

125

T 부장은 설명을 계속한다.
손자는 초일류 병법가이면서도 전쟁 경제학자이기도 했다.
승전은 하지만 비용이 많이 드는 싸움은 하수들이 하는 것으로 생각했다.
그러기에 싸우지 않고 적군을 크게 좌절시키는 것. 적국의 도성을 온전한 상태로 얻는 것을 상수들이 하는 것으로 생각했다.

어떻게 그렇게 할 수 있는가.
그는 용병에 능한 자는 적을 굴복시키지만 힘든 전투를 하지 않으며 적군을 허물어뜨리지만, 지구전을 하지 않는다고 말한다.
따라서 반드시 적의 모든 것을 온전하게 얻는 "계략"으로 천하의 승부를 다툰다.
그런 까닭에 아군의 병사들은 피곤하거나 타격을 받지 않고도 이익을 온전하게 얻을 수 있다.
이것이 모계로 공격하는 기본 법칙이다.
A와 B 씨는 계략에 의한 승리가 고수들의 해법이라는 말에 고개를 끄덕일 뿐이다.

126

손자는 병법을 철학 수준으로까지 올려놓고 있다.
전쟁에서 이길 수 없는 것은 자신에게 달려있고, 이길 수 있는 것은 적에게 달려있다고 말했다.
왜 그런가?
보통 사람들과는 정반대 이야기다.
패배 여부는 자신에게 달린 것은 자신이 잘못을 저지

르지 않으면 실패하지 않기 때문이다.
승리 여부가 적에게 달린 것은 적군이 잘못을 저지르지 않으면 승리를 얻기 어렵기 때문이다.
결론적으로 누구든지 잘못을 저지르는 쪽이 실패한다.
그렇기 때문에 패배는 다른 누구에 의한 것이 아니라 자초하는 것이다.
손자는 승리와 실패 가운데
실패가 승리보다 더 중요하다는 것이다.
A와 B 씨는 잘못을 저지르는 것이 그렇게 치명적인 것을 새롭게 깨닫는다.

127

손자는 잘못을 저지르는 것이 그렇게 치명적이라면 적으로 하여금 잘못을 저지를 수 있게 할 수 있다고 가르치고 있다.
어떻게 하면 되는가.
이익과 손해 두 글자로 할 수 있다는 것이다.
전쟁이나 모든 게임에서 궁극적으로는 본전과 이익을 따져보게 된다.

다시 말해 얻는 것과 잃는 것을 셈해본다는 것이다.
손자는 이롭지 않으면 동원하지 않고, 얻는 것이 아니면 사용하지 않으며, 위급한 상황이 아니면 싸우지 않는다고 말한다.
손자는 적으로 하여금 수지타산을 따져보도록 유도할 수 있다고 말한다.
아군의 계략에 따라 움직이게 하는 것이다.
물론 적에게 제공되는 내용은 가짜이거나 진짜와 가짜가 반반씩 섞여 있는 것이 좋다.
손자는 위협과 회유 그리고 속임수로 적을 잘못으로 유도할 수 있다는 것이다.
A와 B 씨는 현란한 계략에
놀라움을 금치 못한다.

128

T 부장은 설명한다.
손자가 남긴 명언들이 많지만 "적을 알고 나를 알면 백전을 치르더라도 위태롭지 않다"입니다.
흔히 백전백승이라고 말하는 바다.

사람들은 사실 적이나 자신도 철저히 알지 못하면서 어떤 문제에 부딪힌다.
상대방이 어떤 사람인가?
현재까지 어떻게 살아왔는가? 무엇을 원하는가? 어떤 환경에 있는가? 등 알아야 할 정보가 너무 많다.
은행 지점장은 대출을 위해 고객의 술버릇, 친한 친구들, 즐기는 요리까지도 파악하려고 한다.
가장 중요한 것은 자신을
아는 것이다.
자신이 자신을 공부해 보는 것. 좀 우습기는 하다.
그러나 가볍게 넘길 문제가 아니다.
자신에게 학점을 매겨본 일이 있는가?
자기의 약점에 눈감으려고 하지는 않는지
천하의 초일류 전략가 손자 씨도
자기를 살펴보라고 충고하지 않는가?
어떤 사람이 실패만 거듭하는 경우 적 때문이 아니라 자기 공부 부족 때문일지도 모른다.
자기를 공부하는 것이 행복에 가까워지는 길일 수 있다.
A와 B 씨는 자신들을 살펴봐야겠다고 생각했다.

129

T 부장은 노자도 병법가의 한
사람이라고 말했다.
그의 사상이 워낙 심오하기 때문에 후세의 도가들이 사상가로 연구한 것일 뿐이라고 덧붙였다.
노자를 가장 쉽게 접근하는 것은 "상선약수"를 아는 것이다.
노자는 가장 상위에 있는 선은 물과 같다고 말하는 것이다.
또 지극히 착한 것은 물과 같다고 설파한다.
과연 그런가?
물은 높은 곳에서 낮은 곳으로 흐른다.
모든 생물체가 조금이라도 높은 곳으로 가려고 다투지만, 물은 그렇지 않다.
물은 만물을 이롭게 한다.
그러면서도 그들과 다투지 않는다.
흐르다가 막히면 돌아서 간다.
사람들이 싫어하는 낮은 곳도 마다하지 않는다.
무엇이든지 다 받아들인다.
맑은 물 탁한 물 가리지 않는다.

지칠 줄 모른다.
끊임없이 흐른다.
노자의 상선약수 개념도
손자의 "지피지기" 수준의
전법인 것이다.
A와 B 씨도 동의하는 것이다.

130

손자병법에서 현세까지도
회자되는 명언 중 하나는
오월동주입니다.
T 부장 말이다.
오나라 사람은 월나라 사람을 미워한다.
월나라 사람 역시 그렇다.
철천지원수 사이이다.
2500년 전 중국 춘추전국시대 오와 월은 5대 강국으로
서로를 넘보며 다투었다.
손자병법 저자 손무는 오나라왕 합려의 신하다.
그는 군주에게 370여 자로 된 병법서를 바쳤으며 그게

손자병법이다.
손자는 꽤 까다로운 퀴즈를 낸다.
원수 사이인 오나라와 월나라 사람이 한배를 타고 가다 풍랑을 만나면 어떻게 되겠는가?
원수인 상대방이 물에 빠져 죽는 것이 시원함으로 방관할까?
손자는 서로 협력하게 된다고 말한다.
마치 왼손과 오른손이 서로 돕듯이.
인간은 환경의 산물이다.
영원한 적은 없다.
T 부장 설명이다.
A와 B 씨는 원수는 외나무다리 위에서 만난다는 우리 속담을 다시 생각해봤다.

131

T 부장은 오나라와 월나라가
원수가 어떻게 원수가 됐고
"와신상담"이라는 의미 깊은
말이 생겨났는가를 설명한다.

오나라왕 합려는 신하 손무가 바친 병법서에도 불구하고 월나라왕 구천과 싸우다 죽게 된다.
합려는 죽음 직전에 아들 부차에게 구천에 의한 자기 죽음을 잊지 말라고 유언을 남긴다.
부차는 아버지의 원수 갚는 것을 한시도 잊지 않기 위해 장작더미 위에서 잠을 자는 불편을 감수한다.
이것이 "와신"이다.
월나라왕 구천은 오나라 부차 이야기를 듣고 오나라를 치기 위해 군사를 동원한다.
그러나 구천은 전쟁에 패하고 부차에게 항복한다.
구천은 목숨은 용서받고 귀국해 오나라를 치기 위해 준비한다.
12년 동안 전쟁 준비를 하면서 패전의 치욕을 잊지 않으려 짐승의 쓸개를 매일 핥았다.
이것이 "상담"이다.
구천은 결국 오나라를 패배시켰고 오나라는 멸망했다.
T 부장은 A와 B 씨에게 작별인사를 나누고 자리를 떴다.
A와 B 씨는 목표를 달성하기 위해서는 어떤 고난도 감수하면 결국 성공하게 된다는

모두가 알고 있는 법칙을
다시 한번 인식했다.

132

A와 B 씨는 티켓 판매소가 얼마 남지 않은 거리까지 왔다.
밤 10시쯤 됐다.
A와 B 씨는 행복의 비밀을 찾기 위해 여행을 떠난 프랑스 정신과 의사 꾸뻬 씨가 어떻게 됐는지 궁금해졌다.
그가 과연 행복의 비밀을
찾아냈을까?
꾸뻬 씨는 첫 여행지로 중국을 선택했다.
오랜 역사와 인류 문명의 발상지인 중국에는 신비한 무언가가 있을 것만 같았다.
꾸뻬 씨는 명성이 높은 노승을 산사로 찾아 만났다.
꾸뻬 씨는 자기가 정신과 의사임을 밝히고 행복의 비밀을 찾기 위해 왔으며 가르침을 달라고 말했다.
노승은 미소를 띠며 "날씨가 좋습니다. 한 바퀴 돌고 옵시다."하고 말하고 밖으로 나섰다.

133

바깥 풍경은 실로 경이로웠다.
노승은 침묵 속에서 태곳적부터 있어온 한 가지 진리를 전달하고 있었다.
그것은 행복에 대한 욕망이나 추구마저 잊어버리고 지금, 이 순간과 하나가 되어 얻어지는 근원적인 행복감이었다.
꾸뻬 씨는 이 근원적인 행복감은 자주 찾아오지는 않지만, 무엇으로도 대신할 수 없으며 행복의 기본을 이루는 것이라고 느꼈다.
꾸뻬는 순간순간 터져 나오는 노승의 웃음이 바로 그 근원적인 행복에서 비롯됨을 알았다.
꾸뻬는 꼭 질문하고 싶었던 것을 노승에게 말했다.
말씀 중 행복을 목표라고 여기는 것은 잘못이라는 뜻은 어떤 것인가요?
노승은 다음과 같이 설명해 주었다.

134

노승은 말한다.
삶에서 "목표"는 많은 일들을
이루게 하는 원동력이 되지만 행복은 그런 것이 아니라는 것입니다.
예를 들어 집과 자동차를 사겠다는 목표를 세우면 그런 것은 당신 삶 속에 자리 잡을 수 있지만, 행복은 그런 순서대로 얻어지는 것이 아니라는 것입니다.
만일 당신이 "행복"을 목표로
삼는다면, 당신은 그것을 놓칠 가능성이 그만큼 많아지는 것입니다.
더구나 당신이 목표로 정한 행복에 도달할지, 못할지 어떻게 알 수 있습니까?
A와 B 씨는 노승의 행복에 대한 이해가 높은 수준에 이르러있다는 것을 인정했다.
행복은 과연 어떤 것인가.

135

노승의 설명은 이어진다.

진정한 행복은 먼 훗날 달성하는

목표가 아닙니다.

지금, 이 순간에 "존재"하는 것입니다.

인간의 마음은 행복을 찾아

늘 과거나 미래로 달려가지요.

그렇기 때문에 현재의 자신을 불행하게 여기는 것이지요.

행복은 미래의 목표가 아니라 현재의 선택이라고 할 수 있지요.

"지금, 이 순간 행복하기로 선택한다면 당신은 얼마든지 행복할 수 있습니다"

그런데 안타까운 것은 대부분의 사람들이 행복을 목표로 삼으면서 지금, 이 순간 행복해야 한다는 사실을 잊는다는 것입니다.

노승이 강조하는 것은 미래의 행복이 아니라 이 순간

누구라도 생각으로부터 벗어나 눈을 뜨고 바라보기만 하면 행복을 발견할 수 있다는 것이다.

A와 B 씨는 노승이 강조하는

행복에의 접근도 그렇게 쉬운 것은 아니라는 생각이다. 현재의 모든 생각에서 벗어나는 것이 쉬운 일이 아니기 때문이다.

136

꾸뻬는 노승에게 다시 한번 질문을 던졌다.
스님께서는 최상의 진리라 해도 모든 사람에게 다 적용될 수 없다고 말하고 싶은 거죠.
노승은 말했다.
당신은 환자들에게 모두 같은 것을 말하나요?
꾸뻬는 아니라고 대답했다.
꾸뻬는 실제 환자들의 성격과 젊은가, 늙었는가, 정말로 불행한 삶을 살았는가에 따라 상담해주는 내용이 다른 것이다.
노승이 말했다.
그것 보세요.
진리도 그것과 같습니다.
노승은 덧붙여 말했다.
진리라 해도 모두에게 강요할 순 없지요.

꾸뻬는 이 대화에서 한 가지를 깨달았다.
자신도 한때 진리라고 믿는 것에 대해서는 상대방도 그에 따라줄 것을 줄기차게 설득하려 했던 것이 잘못이었던 것이다.
꾸뻬는 이번 여행에서 잘 알지 못하는 사람들에게도 친절하게 말을 건네는 법을 배웠다.
A와 B 씨는 대화를 통해 상대방의 생각을 바꾸는 것이 얼마나 어려운가를 알았다.

137

꾸뻬는 여행을 통해 행복의 비밀 열쇠를 찾으려 했다.
그가 찾아낸 열쇠는 꽤 많았다.
아마 이 열쇠들은 모두의 창문에 잘 들어맞아 문을 열어줄지 의문이다.
꾸뻬가 만난 노스님 말처럼
진리라 해도 모두에게 적용되지 않기 때문이다.
우선 꾸뻬 씨가 찾아낸 열쇠
꾸러미를 하나하나 보자.
꾸뻬는

1. 행복의 첫 번째 비밀은 자신을 다른 사람과 비교하지 않는 것이다.
2. 행복은 때때로 뜻밖에 찾아온다.
3. 많은 사람들은 자신의 행복이 오직 미래에만 있다고 생각한다.
4. 많은 사람들은 더 큰 부자가 되고 더 중요한 사람이 되는 것이 행복이라고 생각한다.
5. 행복은 알려지지 않은 아름다운 산속을 걷는 것이다.
6. 행복을 목표로 여기는 것은 잘못이다.
7. 행복은 좋아하는 사람과 함께 있는 것이다.

A와 B 씨는 꾸뻬의 행복을 보는 시각이 꽤 예민하다고 생각한다.

138

꾸뻬의 행복의 비밀 열쇠는
계속된다.

8. 불행은 사랑하는 사람과 헤어지는 것이다.
9. 행복은 자기 가족에게 아무것도 부족한 것이 없음을 아는 것이다.

10. 행복은 자신이 좋아하는 일을 하는 것이다.
11. 행복은 집과 채소밭을 갖는 것이다.
12. 좋지 않은 사람에 의해 통치되는 나라에서는 행복한 삶을 살기가 더욱더 어렵다.
13. 행복은 자신이 다른 사람들에게 쓸모가 있다고 느끼는 것이다.
14. 행복이란 있는 그대로의 모습으로 사랑받는 것이다.
15. 우리는 웃고 있는 아이에게 더 친절하다.
16. 행복은 살아있음을 느끼는 것이다.
17. 행복은 살아있음을 축하하는 파티를 여는 것이다. 꾸뻬의 열쇠는 더 있다.
18. 행복은 사물들을 보는 방식에 있다.
19. 행복은 다른 사람의 행복에 관심을 갖는 것이다.

139

꾸뻬의 행복의 비밀 열쇠는 꽤 많다.
이것은 행복에의 접근이 어렵지 않다는 것이기도 하지만 그 반대일 수 있다.
열쇠가 다수이기 때문에 어떤 열쇠가 핵심일까?

이럴 때 우리는 잠시 주저할 수 있다.
꾸뻬가 말한 19개의 열쇠 중
모두에 공감한다면 최선이라 할 수 있다.
우리는 몇 개에 전적으로 공감하겠는가.
("꾸뻬 씨의 행복 여행"이라는 제목으로 출판된 이 책의 저자는 프랑수아 를로르 씨로 저자 자신이 정신과 의사이며 심리학자이다.
이 책은 독일, 이탈리아, 일본, 그리스 등 12개국에 번역되어 베스트셀러가 됐다)
꾸뻬 씨의 첫 번째 열쇠. 행복하려면 자신을 다른 사람과 비교하지 않는 것이라는 화두는 심오하다.

140

꾸뻬는 항공사 호의로 이코노미 좌석이 업그레이드돼
비즈니스 클래스에 배정됐다.
침대 같은 의자, 고급 샴페인, 서비스 등에 만족했다.
바로 옆 승객은 의자가 1등처럼 뒤로 젖혀지지 않는다는 등 불만이었다.
그는 평소 1등만을 이용하다 오늘 비즈니스 좌석으로

온 듯하다.

꾸뻬는 생각했다.

현재 동일한 좌석, 샴페인 서비스인데 각자 느끼는 감정이 정반대인 것은 왜인가?

이때 자신을 남과 비교하면

자신도 만족하지 못할 수 있다.

그런데 이와 정반대일 때가 문제다.

자신은 불만인데 다른 사람은 행복해 보일 때다.

현실적으로 이 경우가 더 많다.

우리가 사는 21세기는 양극화 세기이다.

대부분의 사람들은 상대적 박탈감에 빠져있다.

21세기는 보통 사람들이 행복해지기 어려운 시기이다.

초연결 사회에서 자신과 다른 사람을 비교하지 않는 게

행복의 비밀이라는 꾸뻬의

제안은 고난도의 퍼즐이다.

141

"행복"의 실체가 무엇인가요?
누가 그 의미를 정한 건가요?
B 씨의 질문이다.
우리가 흔히 행복이란 손에 잡히는 어떤 실체가 있는 것으로 생각하지만 그렇지 않습니다.
우리 마음속에 존재하는 추상적인 것이지요.
일반적으로 개념 되고 있는
행복은 "자신이 원하는 욕구와 욕망이 충족되어 만족하거나 기쁨을 느끼는 상태"입니다.
요약하면 "만족, 기쁨"입니다.
이 두 개념은 대단히 어렵습니다.
사람들에게 만족이라는 개념이 있을까요?
만족의 등급은 하늘과 땅 사이만큼의 거리가 존재하는 그야말로 천차만별이지요.
현대사회. 21세기에서는
더욱더 그렇습니다.
A 씨 설명은 계속되겠다.

142

21세기인들은 브레이크가 없는 만족 버스에 태워져 있는 거죠.
모든 것들이 사람들을 더 높은 만족 욕구를 갖도록 유혹하죠.
은근히 강요하는 수준인 거죠.
각종 미디어를 통해 매일 쏟아지는 소비재의 광고는 오늘 내가 소유하고 있는 것을 헌것으로 만드는 것입니다.
모든 소비자들을 또 다른
만족 욕구를 갖게 만드는 것입니다.
이런 현상은 소비재에만 국한되지 않습니다.
부, 권력, 명예 모든 영역에서
일어나고 있는 것입니다.
A 씨 설명이다.
그렇다면 만족이 안 되는 환경, 행복이 어려운 시대라는 것인가요.
B 씨 질문이다.

143

현대사회는 타인의 사회적 지위를 그가 소유하고 있는 재산을 기준으로 판단한다고 베블런 교수는 말합니다.
과시적 소비이론을 창안한 소스타인 베블런 교수는 사람들은 자신은 보통사람들과는 다르다는 표시를 하고 싶어 한다는 것입니다.
따라서 동일한 기능의 상품에 대해서 굳이 비싼 값을 지급하려고 합니다.
저렴한 상품은 외면하는 거죠.
GM 자동차 창업자 알프레드 슬론 씨는 어떻게 하면 자동차를 값비싸게 많이 팔 수 있을까에 골몰했습니다.
이것은 라이벌인 포드 자동차를 경쟁에서 이기는 것이기도 합니다.
슬론 씨는 만족할 줄 모르는
소비자 심리를 발견하고
이를 이용해서 성공하는 것입니다.
슬론 씨는 참모로 프로이트 정신분석학 전공자를 채용하기도 했습니다.
A 씨 설명이다.
현대인들은 어떻게 되는가요?

B 씨 질문이다.

144

GM 자동차 창업자 알프레드 슬론 씨가 발견해낸 "만족할 줄 모르는 소비자 심리"는
우리에게 시사하는 바가 큽니다.
그는 소비자 즉 일반 사람들이 현 상황에서 만족할 수 없도록 마음을 흔든 것입니다.
슬론 씨는 매년 모델 체인지라는 전법을 도입해 동일한 모델에 외양이나 스타일을 조금 바꾸어 소비자들을 유혹한 것입니다.
소비자들은 새 차를 구입했다는 기쁨에 넘치는 것입니다.
이것은 얄팍한 상술 같지만
인간 내면의 정신세계의 근본과 맞닿아 있습니다.
21세기의 생활양식이나
문화현상들이 사람들에게
끊임없이 "만족"을 못하도록
하는 것입니다.

행복의 핵심요소는 만족인데 이를 방해한다는 것은 무엇을 의미하는가요.
A 씨 설명이다.
현대인들이 행복하게 산다는 것이 절대 쉽지 않네요.
번영의 세기라는 21세기에서
B 씨 대답이다.

145

베블런 교수가 그의 유한계급의 이론(The Theory of the Leisure Class)에서 말한 과시적 소비도 현대인의 한 과제죠.
자신은 보통 사람들과는 다르다고 나타내려는 심리,
이것도 만족할 줄 모르는 심리와 같은 거죠.
뭔가 부족하다는 생각에 잡혀있는 거죠.
부족한 것이 없으면서도 자신은 행복하지 않다고 생각하는 거죠.
스스로에 만족하지 못하는 것입니다.
꾸뻬 씨의 충고, 행복의 비밀 첫 열쇠는 자신을 남과 비교하지 않는 것과는 반대되는 것이지요.

현대인들 대부분은 자신도 모르는 사이 과시적 심리 영역에 붙잡혀 있는 것입니다.
우리가 사는 21세기 사회, 경제문화 현상이 낳은 일이죠.
A 씨 설명이다.
이런 환경에서 21세기 인들이 행복해질 수 있는 길은 무엇일까요?
B 씨 질문이다.

146

미 하버드 대학은 1930년 행복에 대해서 연구하기 시작했습니다.
연구 목적은 "인간의 행복, 성공적인 나이 듦"이었습니다.
행복하고 건강한 삶에도 방식이 있는가.
하버드대는 1930년 말 현재
하버드대 2학년생 268명을 대상으로 이들이 생을 마감할 때까지 일생을 관찰하는 것이었습니다.
따라서 이 연구는 현재도 일부 진행 중에 있는 거죠.
정신과 의사인 조지 베일런트 교수는 이 프로젝트 연

구를 이어받았으며 현재까지의 연구 결과를 모아 "행복의 조건"이라는 책을 내놓았습니다.
인간이 성장하고 늙어가면서 성공적인 삶에 안착하는 이유와 실패하는 삶의 구체적인 원인을 분석하려 했습니다.
흥미진진한 연구죠.
A 씨 설명이다.
그렇겠네요.
B 씨 대답이다.

147

프로젝트는 다양한 설문을 통해 진행됩니다.
1. 대상자의 유년, 성장 과정이 훗날 노년기에 영향을 미치는가
2. 지능지수가 행복한 나이 듦에 연관되어 있는가
3. 학력이 행복에 영향을 주는가
4. 사람은 안팎으로 어떻게 성숙하는가
5. 자신의 삶이 행복했는가, 행복했다면 무엇 때문이었는가
연구자들은 설문 과정에서

많은 사람들은 인생을 바라보고 정의하는 것이 제각각이라는 것을 알았다.
공통된 개념을 얻는 것이 쉽지 않은 것이다.
평균적으로 학력이 높은 사람(하버드 졸업생)이 사회적 지위가 높았다.
A 씨 설명은 계속된다.

148

소시민 집단(이너시티)의 수명이 고학력 집단의 수명보다 짧다.
이것은 이들의 생애가 노동강도에서 영향받은 것으로 보인다.
천재아(터먼 여성)들의 수명 길이는 이너시티와 별 차이가 없고 사회적 지위와도 크게 연관되어 있지 않다.
유년의 상처와 고난이 훗날
성년의 발달에 영향 미치는가에 대한 부분에서는 일정한 나이까지는 영향을 주지만 성년에 이르러서는 유년의 고통이 필연적으로 성년발달에 영향을 주지는 않는다.

50세까지의 신체적인 건강 상태가 노년의 건강에 결정적인 영향을 주지는 않는다.
노년의 건강은 오히려 총괄적인 "정신 상태"에 의지한다.
A 씨의 프로젝트에 대한 설명은 계속된다.

149

이 프로젝트에서 이너시티(소시민) 연구대상자 한 사람의 설문에 대한 답변이 시선을 끈다.
"삶에서 진짜 비극은 사랑하는 사람을 죽음으로 잃어서가 아니라 애초부터 사람을 거의 사랑하지 않은 데 있다"
"내가 겪는 고통이 아무리 심하다 해도 세상에는 나보다 더 큰 고통을 이겨내는 사람이 많아요.
그리고 그 고통을 이겨낼 수 있는 힘은 본질적으로 자기 안에 있어요."
"사람들의 삶을 지켜보면서
절실히 느끼는 바이지만
노년을 불행하게 하는 것은
경제적 빈곤이 아니라 사랑의 빈곤이에요~"

일생을 통해 깨달은 지혜가 있다면 무엇인가라는
질문에 "매 순간 감사하면서
충실하게 살아야 해요~
현재는 안중에도 없이 과거에만 빠져있거나 미래만 기다린다면 삶이 주는 놀라운
기적들을 놓치고 말아요."
A 씨 설명이다.
B 씨도 경청한다.

150

하버드대 조지 베일런트 팀이
현재까지의 연구 결과를
중간 결산해보면 실패하는 삶의 원인은 다음 두 가지다.
하나는 알코올중독이고 다른 하나는 결혼생활에 성공하지 못하는 것이다.
적당한 음주는 오히려 생을
유쾌하게 해주지만 지나치면 삶 자체를 송두리째 망가트린다.
미국의 부호들도 과도한 음주 때문에 파산에 이르고

건강을 상실해 결국 불행해진 사례가 수없이 많다.
미국뿐만의 현상이 아니다.
다른 하나는 결혼생활의 실패다.
이혼한 사람들 중에 재혼으로 행복을 찾은 사람들도 많지만, 결혼생활 실패는 성공한 삶에 안착하는데 크나큰 허들이다.
미국 건국의 아버지 중 한 사람인 벤저민 프랭클린(100달러 지폐 인물)은 그의 자서전에서 그가 유명한 정치인, 과학자로 성공한 삶을 이르는 데는 전적으로 검소하고 부지런한 아내를 가졌기 때문이라고 밝혔다.
영국 속담, 행복하려면 좋은 아내를 가져라.
A 씨 설명이다.
B 씨도 동감이다.

151

“행복은 조작을 통해 얻을 수 있다”
꽤나 도발적이고 흥미 있는 제안이다.
무슨 이야기인가?
이스라엘 히브리대 유발 하라리 역사학 교수의 이야

기다.
하라리 교수는 그의 유명한 저서 “사피엔스”에서 그렇게 말했다.
(“사피엔스”는 30개국에 번역 출판된 초대형 베스트셀러로 이로 인해 하라리 교수는 21세기 지성의 반열에 올랐다)
하라리 교수는 인류는 과학, 산업혁명으로 무한한 에너지를 갖게 됐고 지난 수 세기 동안
막대한 부를 쌓았으나
이것들이 우리에게 행복을 주었는가 하고 묻는다.
최근 몇십 년 전부터 심리학자, 생물학자들은
무엇이 실제로 사람들을 행복하게 만드는가를 과학적으로 연구하는 도전에 나섰다.
그것은 돈일까, 가족일까, 유전일까, 아니면 덕성일까?
A 씨의 하라리 교수 이야기는 계속된다.

152

하라리 교수는 위에 든 어느 것도 인류에게 행복을 주지 못했다고 말한다.

그러면 어떤 것인가.

행복은 월급이나 사회관계, 정치적 권리 등 외적 변수에 결정되지 않는다.

그보다는 신경, 뉴런, 세로토닌, 도파민, 옥시토신 등 생화학물질에 의해 결정된다.

인류는 수백만 년의 진화에 의해 만들어진 생화학적 체계의 지배를 받는다.

사람을 행복하게 하는 것은 바로 신체 내의 쾌락적 감각이다.

행복하다는 것은 쾌락적인 신체적 감각을 느낀다는 것과 다르지 않다.

행복을 생화학적 방법으로 접근하는 것이다.

A 씨 설명은 계속된다.

153

생화학자들은 “행복은 내부에서 시작된다”라고
주장한다.

돈이나 사회적 지위, 성형수술, 고가주택, 높은 자리는 우리에게 행복을 가져다주지 못한다.

오늘날 진정한 행복의 열쇠는 생화학 시스템에 달렸다는 사실을 인정해야 한다.
따라서 우리는 정치적, 사회적 개혁이나 이데올로기에 시간을 그만 낭비하고 우리의 생화학 시스템을 "조작"하는 일에 전념해야 한다.
우리의 생화학 시스템을 이해하고자
요법을 개발하는데 수십억 달러를 투자한다면 과거 어느 때보다 사람들을 행복하게 만들 수 있다.
일례로 프로작(미국 일라이 제약사가 개발한 항우울제)은 생화학 시스템 자체는 바꾸지 않지만, 세로토닌 수치를 높여줌으로써 사람들을 우울증에서 벗어나게 도와준다.
지속적인 행복은 오로지 세로토닌, 도파민, 옥시토신에서만 나온다.
A 씨 설명은 계속된다.

154

생화학자들의 행복에 대한
접근은 올더스 헉슬리의 디스토피아 SF소설 "멋진 신

세계"를 떠올리게 한다.
1932년에 출간된 이 공상과학소설에서 헉슬리는 멋진 신세계 사람들은 '소마'라는 약을 매일 한 알씩 복용하는데 효율성과 생산성을 해치지 않으면서 사람들을 행복하게 해주는 것이다.
'소마'는 합성마약이다.
지속적인 행복은 세로토닌에서만 나온다는 생화학적 견해는
쾌감과 행복이 동일하다는 가정에서 출발하고 있다.
과연 쾌감과 행복은 동일한 것인가?
해답은 어렵다.

155

생화학계의 행복에 대한 이해는 기발하지만 완벽한 것은 못 된다.
행복은 화학적으로 어떤 물질을 만들어 얻어지는 그런 단순한 것은 아니다.
인류는 수천 년 동안 철학자, 사제, 시인들이 행복의 본질에 도달하려고 현재까지 노력해오고 있다.

인류의 삶은 보다 철학적이다.

높은 수준의 가치 지향적이고 인지적, 윤리적이다.

인류의 삶은 숭고한 어떤 것이 있으며 아름다운 감성이 스며들어있다.

쾌락은 그것들의 한 부분에 불과하다.

생화학적으로 세로토닌 수치를 올릴 수는 있지만, 인류의 영혼을 즐겁게 해주는 데는 충분하지 않다.

행복은 높은 수준의 가치인 것이다.

A 씨는 유발 하라리 교수의 도발적인 행복 개념을 보면서 그와 다른 의견을 생각해 보았다.

B 씨도 동감했다.

행복티켓 판매소 IV

행복티켓 판매소 Ⅳ

156

A와 B 씨는 티켓 판매소까지 거리는 이제 얼마 남지 않았다.
판매소의 입구 윤곽이 보일 정도다.
A와 B 씨는 15시간 넘게 줄을 서면서
행복티켓을 손에 넣으려 하면서도 정작
무엇이 행복인가를 되물어보는 것이다.
두 사람은 행복이란 "바람" 같은 것이라고 생각해 보았다.
눈에 보이지는 않지만 느낄 수는 있는 무엇이다.
우리가 바람을 느끼는 것은 순간의 일이다.
바람은 우리 곁을 순식간에 스쳐 간다.
그것은 마하의 속도다.
행복의 느낌이 그렇게 짧다는 것은 인류에게 슬픈 일이다.
그렇지만 개인에 따라서는 짧은 순간을 길게 사용하

는 사람도 있다.
사람들은 그 지혜를 찾아내려고, 그 비밀의 열쇠를 찾으려고 수천 년 동안이나 긴 여행을 계속하고 있는 것이다.

157

A 씨와 B 씨는 줄 뒤쪽 일행의 대화가 흥미를 끌어 들어보았다.
21세기인들의 행복에 대한 이야기다.
화두는 행복해지기 위해
분주히 뛰어다니다 보니 오히려 불행해졌다는 것이었다.
대화자 Q 씨는 한국의 유명 대학교수다.
그는 행복에 대해 생물학적, 진화론적 관점에서 연구하는 사람이다.
"행복은 생존을 위한 지침서일 뿐 상장이 아니다.
행복해야 한다는 환상에서 벗어나라"고 말한다.
흔히 말해지고 있는 "행복 피로 사회"에 일침을 가한다.

대화자 P 씨는 미국 뉴욕에 소재하는 대학의 철학과 교수다.
그는 단순하고 절약하는 삶에 대한 집착 때문에 오히려 불행해질 수 있다고 주장한다.
A와 B 씨는 젊은 교수들의
도발적인 대화에 놀라움을 금치 못한다.

158

Q 교수는 말한다.
행복해야 한다는 명제 자체가 난센스다.
인간은 행복하기 위해서 사는 것이 아니라 생존 과정에서 행복을 느끼도록 설계되어있다.
비유해 이야기하자면 행복감은 자동차 엑셀 페달이고 불행감은 브레이크다.
행복만 좇아 브레이크를 떼어낸다면
어떻게 되겠는가.
통증을 느껴야 우리 인생에 뭔가 잘못됐다는 것도 알 수 있다.
P 교수는 대꾸한다.

행복은 주관적인 관념인데 한마디로 정의하려 드니까 복잡해진다.
왜 철학자들이 수천 년 동안 머리를 싸맸는데도
누구는 마음의 평화라 하고 누구는 쾌락이라며 서로 다른 목소리를 내겠는가.
삶에 대한 전반적인 "만족"이 행복이다.
A와 B 씨는 이들의 대화를 경청한다.

159

Q 교수는 말한다.
만족감과 쾌락을 "행복 전구"라고 말할 수 있다.
사람은 모든 동물 중 가장 확실하게 행복 전구를 켤 줄 알고 새집이나 럭셔리 차를 사고 더 나은 지위를 차지하면 전구가 켜진다.
문제는 현대인들은 돈만이 행복을 보장하고 이 때문에 돈을 향해서 전력 질주하는데 있다.
P 교수는 이에 덧붙여 설명한다.
내가 "1달러의 행복"이란 강의를 만든 것도 바로 그 때문이다.

(P 교수는 “검소함의 지혜(The wisdom of frugality)”
의 저자이다)
물론 하루에 1달러밖에 쓸 수 없는 처지라면 행복하기
가 어려울 것이다.
최소한의 소비로도 삶을 충만하게 살 수 있다.
그러나 최근 여러 연구를 보면 검소함만이 정답은
아닌 것으로 나타난다.
“절약의 역설” 즉 지출이 줄어들면 경제가 나빠지고 사
람들의 생활 수준이 낮아질 수 있는 것입니다.
A와 B 씨는 새로운 이론을
충분히 이해하려고 주의를 집중한다.

160

Q 교수는 이야기를 계속한다.
행복에서 제일 중요한 건
“사람” 또 사람을 중심으로 만들어지는 “관계”다.
유아독존이나 외곬도 행복의 관점에선 좋지 않다.
버트런드 러셀의 말, 행복을 가로막는 장애물은 자기
집착과 자기도취와 상통한다.

주변의 긍정적인 에너지가 인간을 행복하게 하는데 한국인들은 타인을 경쟁자로 보면서 불신과 스트레스를 받는다.

각종 연구를 보면 한국인들의 타인에 대한 신뢰도는 낮은 수준이다.

P 교수는 Q 교수 의견에 전적으로 동의하면서 돈과 성공. 명예는 가치 있는 삶의 직진 신호는 아닙니다.

한국인의 타인을 의식하면서 빚어지는 행복 박탈감에 대해서 유별나다는 것을 알고 있다.

P 교수는 사고실험(thought experiment)을 해볼 것을 제안한다.

주택이 화재로 전소했다고 하자.

당신은 불행할 것이다.

만일 재산은 건졌지만, 가족을 잃었다고 하자.

그 슬픔은 재산을 잃었을 때와는 비교가 되지 않을 것이다.

무엇이 진정한 가치가 있는 것인지 곰곰이 생각해 볼 필요가 있다.

Q 교수는 대답한다.

결국 "균형감각"이 필요하다.

많다고 더 좋은 것도,

적다고 나쁜 것도 아니다.
타인을 비교하는 것보다
삶에서 자기 주도권을
잡는 것이 중요하다.
A와 B 씨는 두 교수의 말에
공감한다.

161

행복한 가정은 다들 비슷한 이유로 행복하지만, 불행한 가정은 각기 다른 이유로 불행하다.
이것은 톨스토이의 대표작 안나 카레니나의 첫 문장이다.
이것을 자세히 음미하면 행복한 가정은 화목하고 분열되지 않으며 모든 일들이 잘 되어간다는 것이다.
반대로 불행한 가정은 말이 많고 이유들이 다르며 잘 되는 일도 없다는 것이다.
톨스토이 안나 카레니나의 여주인공 니나는 우아하고 귀족과의 결혼으로 부유하며 사교계에서 선망의 대상으로 부족한 것이 없다.

다만 나이 차가 있는 남편의 빈틈없는 생활방식, 무심한 매너가 그녀를 견딜 수 없는 권태 속으로 몰아넣는 것이다.
니나는 젊은 미남 군인 장교를 만나 불륜에 빠지고 결국 달리는 기차에 몸을 던져 생을 마감한다.
모든 것을 갖추었으면서도 단 한 가지 부족으로 불행해진다.
이것을 "안나 카레니나의 법칙"이라고 한다.
A 씨의 설명은 계속된다.

162

안나 카레니나 법칙은 진화생물학자 제럴드 다이아몬드가 그의 저서에서 톨스토이의 그 훌륭한 작품 안나 카레니나의 첫 문장을 인용, 생물학에서 만들어낸 것이다.
어떻든 우리의 행복론에서도
안나 카레니나의 법칙을 이야기해 볼 수 있겠다.
어떤 조건일 때 행복할 수 있는가.
니나처럼 단 하나의 부족으로

하나밖에 없는 귀중한 생명까지 포기하는 불행으로 갈 수 있는가.

다른 한편으로 어느 하나가 잘못된다고 해서 곧 불행해졌다고 말할 수 있는가.

이럴 때 대단히 좋은 개념을 이야기해주는 사람도 있다.

현재를 "감사"하게 생각해보라는 것이다.

어렵지 않다.

가볍게 감사라는 단어를 입속으로 뇌어보면 되는 것이다.

B 씨는 A 씨 설명을 현실적으로 실행해 보았다.

감사!

163

이웃 효과라는 게 있습니다.

W 씨는 자가운전으로 출퇴근을 잘하고 있는 사람입니다.

어느 날 이웃집에서 승용차를 바꿨습니다.

바뀐 새 차는 럭셔리 명품이었습니다.

W 씨는 그 차를 보는 순간 그의 뇌가 전류에 자극되는 듯했습니다.
갑자기 자기 차가 쓸모없는
헌차로 보이는 것입니다.
그런 차를 몰고 다니는 자신이
초라하고 불행하다고 느껴졌습니다.
이런 경우 대부분의 사람들은
어떻게 반응할까요?
W 씨의 반응이 너무 지나쳤다고 할 수 있을까요?
프랑스 정신과 의사 꾸뻬 씨는
행복의 비밀을 알려주면서
첫 번째 열쇠로 자신을 남과 비교하지 말라 했습니다.
21세기를 초연결사회라 합니다.
우리는 연결되어 있습니다.
남과 비교되기 마련입니다.
21세기를 살아가는 현대인들은 이런 딜레마를 뚫고 행복을 가져야 합니다.

164

우리는 행복티켓 구입 여행에서 행복이라는 상품을 구입하는 것이
쉽지 않다는 것을 알게 된 것입니다.
주변에 행복이라는 말이 넘쳐나지만 손에 잘 잡히지 않는 것입니다.
왜 그런가요?
행복의 실체가 아직까지도 규명되지 않았기 때문입니다.
인류는 수천 년 동안 철학자, 사제, 시인들이 행복의 핵심에 도달하려고 노력했습니다.
그러나 앞에서 본 것처럼 모든 사람이 동의할 수 있는 개념을 찾아내지 못한 것입니다.
행복은 주관적인 것이지요.
각자의 마음속에 있습니다.
하늘에서 눈이 내리는 현상을 보면서
모두는 다르게 느낍니다.
어쩔 수 없지요.
A 씨 설명이다.
그러나 누구나 인정하는 어떤 하나의 행복이 있다고

사람들은 생각하는 것도 사실입니다.
B 씨의 말이다.

165

20세기 들어 행복에 대해서 심리학자, 생물학자, 정신과 의사들이 연구를 시작한 거죠.
철학자들 입장에서 보면 약간 화나는 일일 것입니다.
하지만 어쩔 수 없는 일입니다.
인류는 부유해졌지만
더 행복해지지 않았고 행복 수요는 폭발적으로 늘어나고 있는 것입니다.
역으로 말하면 불행이 더 많이 생산되고 있다는 것이지요.
왜 그럴까요?
어려운 질문입니다.
정신과 의사, 생물학자들은 다분히 이 질문에 어떤 처방을 제시하려고 합니다.
21세기의 행복에 대한
연구는 그런 뜻에서 고대나 중세 시대와는 다른 것이

지요.

고대, 중세 때는 이것이 행복이라고 가르치려 했던 것이지요.

하지만 이것은 무리한 것이었죠.

행복이란 존재하는 자아의 주관적인 개념이기 때문입니다.

버트런드 러셀은 그의 저서 "행복의 정복"에서

행복을 개념 하되 전쟁이라는 외부요인은 고려하지 않겠다고 했습니다.

A 씨 설명이다.

행복을 셈하는데 외부요인을 완전히 배제하는 것이 가능할까요?

B 씨 질문이다.

166

버트런드 러셀이 행복을 말할 때 외부요인으로 전쟁을 아예 제외한 데는 심오한 고려가 있었겠죠.

전쟁은 어떤 논리로도 합리적인 설명이 안 되는 것이죠.

전쟁은 일종의 만행입니다.
수백만 명이 한꺼번에 생명을 잃는 마당에 개인의 행복이 논해질 수 없는 것이죠.
금세기 들어서도 성격은 다르지만, 개인의 행복이 논의될 수 없는 불행한 사태들이 일어나고 있죠.
금융위기, 불황, 기업도산 등 포성이 없는 전쟁 말이죠.
일시에 수십만 명 또는 수백만 명이 직장을 잃는 현상 말입니다.
직장을 잃는다는 것이 무엇을 의미합니까
어떤 개인의, 어떤 가족들의 생존의 끈이 끊어지는 것입니다.
그들은 그러한 불행을 당해야 할 아무런 이유도 없고 어떤 원인도 제공한 일이 없는데 말입니다.
A 씨 설명이다.
행복의 개념이 더 어려워지네요.
우리의 행복에 대한 생각은 개인의 문제인 것으로 이해되었는데 말입니다.
B 씨 말이다.

167

행복을 이해하는데 행복은 “만들어지는 것인가, 아니면 만들 수 있는가”에 대한 대답일 수 있습니다.

탄탄한 중견기업에 장기근속하고 있는 A, B 씨가 있습니다.

그 기업은 대외의존도가 높은 수출 위주 구조입니다.

그런데 그 기업의 주력 거래 국가에 갑자기 내란이 발발했습니다.

그 기업은 수출물량이 끊어졌고 도산의 불행을 맞이한 것입니다.

A, B 씨는 직장을 잃을 수밖에 없게 된 것입니다.

A, B 씨는 어떤 원인도 제공한 일도 없는데 당한 불행입니다.

이 경우 우리는 어떻게 정답을 찾아야 맞는지 난감한 것입니다.

A, B 씨에게 책임이 있다고 말할 수 없는 것입니다.

우리 주변에는 A, B 씨는 수없이 많습니다.

A 씨 설명이다.

21세기인들의 딜레마죠.

고대나 중세인들이 경험하지 못했던 환경이 조성된 것

입니다.
21세기인들은 그렇더라도 행복티켓 여행을
계속해야죠.
B 씨 이야기다.

168

A, B 씨가 직장을 잃는 불행을
겪게 되는 것은 그의 잘못은 전혀 없죠.
그가 근무하고 있는 조직의 주 거래국에서 일어난 내란 때문이죠.
수십만 마일 떨어진 머나먼 나라에서 일어난 내란이 뜻하지 않는 이런 결과를 가져오는 거죠.
21세기는 국제적으로도
초연결사회죠.
일찍이 캐나다 언론학자 마셜 맥루한이 말한 "지구촌"의 일입니다.
행복은 개인의 주관적 개념인데도 어느새 개인의 힘으로는 어떻게 할 수 없는 일로 변한 것입니다.
결국 21세기는 "이웃의 불행이 나의 불행"이 된 것입니다.

전세기는 너의 불행이 나의 행복으로 여겨지는 때도 있었습니다.

고대 중국 주나라의 주역에서 "너는 나에 속해있고, 나는 너에 속해있다"라는 훌륭한 통찰이죠.

A 씨 설명이다.

그렇네요.

개인들에게도 너의 불행이 나의 불행, 너의 행복이 나의 행복이라는 개념도 성립될 수 있겠네요.

B 씨 대답이다.

169

"타고나는 행복"이란 말이 성립될 수 있을까요?

인류가 어머니의 요람에서

생명을 부여받을 때의 환경이 행복의 기준이 될 수 있는가의 이야기입니다.

어느 신생아는 산부인과에서 의사의 조력을 받으면서 태어납니다.

그리고 훌륭한 산후조리 속에서

부드러운 유아복으로 둘러싸입니다.
최상의 조건을 갖추는 거죠.
그렇지 못하는 신생아도 많습니다.
판잣집, 텐트 속에서 누구의 조력도 없이 태어나는 것입니다.
산후조리 서비스란 물론 전무한 거죠.
B 씨 질문이다.
미묘한 질문이네요.
사람들의 행복의 시작이 언제부터인가의 질문이기도 합니다.
사람들은 어느 시기부터 행복감을 느끼기 시작할까요?
신생아들의 타고나는
환경과 조건은 천차만별입니다.
사람이 태어날 때의 환경과 조건은 그 사람의 행복과 불행을 가르는 기준이 될 수 있을까요?
부유한 가정 또는 권세가 가문에서 태어나는 신생아들이 태어나는 그 순간은 객관적으로 행복하게 보일 수는 있습니다.
그러나 행복감을 느끼기 시작한 이후는 누구도 그가 다른 사람에 비해 행복하다고 말하기 어렵죠.

A 씨 설명이다.

170

행복이란 존재는 미묘하죠.

누구나 갖고 싶어 하지만 누구의 것도 아니죠.

"초년고생은 사서라도 해야 한다"는 속담은 꽤 의미심장합니다.

여기서 초년이란 하이틴을 말하겠죠.

조금 낮추면 로우틴, 10세 전후까지도 해당하겠죠.

이들은 이 시기에 반드시 행복하지만은 않은 어떤 것을 맛보아야 한다는 것이죠.

행복의 반대편에서 보아야

추후 성장해서 진정한 행복을

알아보게 된다는 것입니다.

행복은 오랫동안 한곳에 머물지 않으려고 합니다.

조금만 방심해도 멀리 달아납니다.

하므로 일찍이 진정한 행복을 알아둔 사람은 행복을 오랫동안 잡아놓을 수 있다는 거죠.

초년에 완벽한 행복의 조건을
갖추었으면서도 후년에 아주 불행한 삶을 살아가는 사람들이 많은 것은 초년에 행복의
의미를 알지 못했기 때문이죠.
A 씨 설명이다.
오랫동안 행복을 지켜가면서
삶을 사는 일이란 짐을 지고 먼 길을 가는 것과 같아 보이네요.
B 씨 대꾸다.

171

초년의 고생이라는 값진 경험을 어떻게 해야 얻을 수 있을까요?
B 씨 질문이다.
쉽지 않은 일입니다.
하나의 예를 들어 보겠습니다.
전국시대의 일본을 평정, 막부시대를 열었던 도쿠가와 이에야스 이야기입니다.
그는 전쟁 없는 일본을 위해서는 훌륭한 지도자가 필

수라는 것을 알고 그런 인재를 키우는 것입니다.

세습제인 막부 시스템에서 자기 아들이 후계자가 되기 마련입니다.

그는 10세 전후 자기 아들에게

초년고생을 시키는 것입니다.

겨울에 활 연습을 하는 아들에게 동상이 걸리더라도 장갑을 끼지 못하도록 합니다.

식사 시간에도 모든 사람에게 우선 배식을 하고 최종으로 본인의 것을 갖도록 하는 것입니다.

밥이 부족해 굶은 경우가 있습니다.

이 전통은 이에야스 정권 내내 지켜졌고 이에야스 막부는 270년 동안 일본을 지배한 것입니다.

초년 시기의 인격 형성이 전 생애를 관통하면서 한 개인의 행, 불행의 갈림길이 될 수 있는 것입니다.

A 씨 설명은 계속된다.

172

70년대 초반의 이야기입니다.

중동 붐으로 한국은 중동의 오일 달러를 쓸어 모아 부

자가 되는 때입니다.
재계에 신흥 강자들이 출현하고 그들의 성장세는 끝이 보이지 않을 만큼 강한 것입니다.
그 당시 연초면 정부와 재계가 신년 인사회라는 모임을 갖습니다.
정부는 총리를 비롯해 전 국무위원들이, 재계는 2백여 명의 대표들이 참석하는 대규모 행사죠.
물론 언론계 대표들도 초청되지요.
그 모임에 참석한 한 언론계 대표가 "그 그룹 문제던데"라는
심상찮은 말을 전합니다.
그 그룹은 중동 붐을 타고 승승장구하는 곳입니다.
당시 기세로는 장래가 있는 곳이죠.
그 언론계 대표가 그 그룹에 문제 있어 보였던 점은 그 그룹의 대표가 불과 20대 후반의 나이에 왼손가락에 담배를 든 채 연만한 분들과 악수를 하는 모습이었습니다.
겸손과 예의가 갖춰지지 않은 데서 올 수 있는 불행의 씨앗을
그 언론계 대표는 본 것입니다.
불행하게도 그 그룹은 그 이후 얼마 되지 않아 그룹 해

체의 불행을 맞이했습니다.
A 씨 설명이다.
그 언론계 대표의 직관력도 대단하네요.
B 씨의 감탄의 말이다.

173

흔히 부자 3대 못 간다는 말이
왜 나왔을까요?
B 씨의 질문이다.
흥미 있는 질문이죠.
우선 우리 주변의 부자들이 3대.
90년 정도를 지키지 못하는 현상을 말한 것입니다.
여기서 부자는 농경시대의 토지를 넓게 가진 사람들이
겠지만 산업사회인 현재도 해당하는 말입니다.
"부자"라는 말 자체가 "물려받은 부"이죠.
자신이 쌓아 올린 것이 아니죠.
그런 부는 왜 오래가지 못할까요?
두 가지 측면에서 볼 수 있겠죠.
선대. 즉 물려주는 쪽과 물려받는 차세대겠습니다.

이전 칼럼에서 언급되었듯이
소년 시기 "사서 고생하기"와 유관합니다.
선대는 차세대에게 고생을 시키지 못한 점이 있고
차세대는 고생을 선불리 한 것입니다.
꽤 유명한 지방 부자의 이야깁니다.
그 마을의 농토를 80%나 가졌습니다.
그분은 사후에 재산을 지키기 위해 집안 마당에 자신의 무덤을 만들고 봉분을 시멘트로 덮었습니다.
그러나 사후 50년도 되지 않아 그분의 손자가 사업실패로 농협에 저택이 경락되고
무덤은 옮겨졌습니다.
A 씨 설명이다.

174

초년고생이 그렇게 중요하다면 어떻게 해야 좋은 초년고생을 경험할 수 있을까요?
B 씨 질문이다.
학교 교육에서 답을 찾아봐야죠.
중세나 근세에서는 "배우는 것"이 모두에게 개방되지

않았죠.
귀족이나 명문가 중심으로 극소수 사람들에게만 배움의 기회가 주어진 거죠.
배움이 행복의 저수지 역할을 한다는 가정이 맞는다면 배움의 기회가 없었던 대다수 사람들은 행복에 접근할 수 없는 불행한 처지에서
일생을 살아간 거죠.
그러면서 그들은 행복을 독점한 계층의 행복을 만들어 주는 도구의 역할에 그쳤죠.
불행한 세기의 이야기입니다.
우리가 사는 현재는 모든 사람에게 "배우는 것"이 개방되어 있습니다.
심지어는 누구나 배우는 것이 의무로 되어 있습니다.
국가에서 배우는 것을 의무로 규정해놓고 배우지 않는 사람을 벌을 주는 시대죠.
A 씨 설명이다.
배우는 것, 행복에의 접근이
모두에게 균등하게 주어지는데도 각자의 행복에 편차는 왜 생기는 걸까요?
B 씨는 다시 질문한다.

175

현대사회의 "초년 고생시키기"가 학교 교육이 맞는다면 자라나는 세대에게 "가르치는 문제"는 대단히 중요하죠.
한 사회의 행복의 총합은 교육에 달려있는 거죠.
무엇을 어떻게 가르치는가.
차세대는 무엇을 어떻게 배우는가.
부여받은 재산을 3대를 넘어 지키는 비법은 무엇인가.
즉 행복을 오래도록 지키는
노하우는 어떤 것인가.
한 사회의 행복도가 낮다는 것은 학교 교육에도 문제가 있다는 이야기 아닌가.
생각해볼 만한 이야기다.
학교가 행복을 가르치는 곳인가.
물론 아니다.
그러나 이런 예로 일부 대답할 수 있다.
미국 고등학교는 4년제이고
고등학생이 되면 4년 동안 주말이면 봉사활동을 하도록 한다.
봉사활동 분야는 다양하다.
도서관, 장애인 특수학교,

박물관, 기독교계 학교에서 이슬람계 학교까지.
고교에서는 봉사활동 학점은 없다.
그러나 대학 입학 때 대학은
액티비티 스코어(봉사활동점수)를 입학허가의 기준으로 삼는다.
필기시험 점수와 기준치가 동일하다.
초년고생을 시키는 것이다.
A 씨 설명이다.

176

고교 4년. 15~18세 초년이
4년 동안 각 분야 밑바닥을 접촉해본다는 것은 대단한 일이죠.
스펀지가 물을 빨아들이듯
감수성이 절정기 때 다양한 경험과 정서를 키우는 것은 성인이 되었을 때 삶을 바라보는 시각이 어떻게 될까요?
그런 경험을 못 했던 성인을 비교해보면 해답을 얻을 수 있죠.

초년 때 성적 경쟁에 내몰려
고점수 강박에 시달리는 것은
비극적인 결과를 가져올 수도 있죠.
행복이 어떤 것인지도 깨닫지 못할 수도 있죠.
그런 사람들이 가득한 사회가
어떻게 움직여 가겠는가는 상상하기 어렵지 않죠.
한국의 학교에서도 고교 동안 주말 봉사활동의 시간을 주어 보는 것을 생각해볼 만하죠.
A 씨 설명이다.
그렇겠습니다.
10년 후, 20년 후의 우리 사회가 정서면에서 보다 윤택하고 타인을 너그럽게 이해하는 능력이 높아질 수 있겠네요.
B 씨 대답이다.

177

하버드대 조지 베일런트 교수팀은 행복을 연구하면서 행복하고 건강한 삶에도 법칙이 있을까의 명제에 매달렸죠.
행복을 실체가 있는 객관적인 것으로 전제하고 어떤 법칙을 찾아보려 한 거죠.
이런 연구는 베일런트 교수 이외에도 많은 사람들이 연구했죠.
그들이 제시한 법칙은 까다롭고 어렵지 않습니다.
예컨대 매일 누군가에 친절을 베풀어 보라는 법칙이 있죠.
어렵지 않죠.
돈이 필요한 것도 아니죠.
낯선 누군가에게 가벼운 미소를 보내는 것도 친절일 수 있죠.
한 아파트에 거주하는 다른 층의 이웃에게 엘리베이터에서 마주칠 때 목소리를 내어 "안녕하십니까" 아니면 얼굴 표정을 만들어 미소를 보내는 것입니다.
그 정도로 자기가 행복해질 수 있다면 못할 이유가 없죠.

행복을 얼마나 쉽고 값싸게 얻는 것입니까?
행복을 깊이 연구한 학자나 전문가들이 제시한 이 법칙에는
우리가 모르는 어떤 깊은 뜻이 숨겨져 있을지도 모릅니다.
A 씨는 이 법칙을 설명하면서
실제 현실에서 일어났던 사례들을 들려줍니다.

178

레이니 씨는 미 남부 조지아주 애틀랜타에 있는 에모리대학의 교수였습니다.
에모리대는 남부의 하버드라는 명문 대학입니다.
레이니 교수는 50년 한국전쟁 시 미 정보요원으로 서울에서 일했고 주한 미 대사를 지낸 유능한 분입니다.
레이니 교수는 현직을 떠나 교수로 재직하면서 매일 자전거로 출퇴근했습니다.
당시 자전거를 이동 수단으로 삼았던 것도 재미있죠.
미국 같은 자동차의 나라에서
레이니 교수는 매일 아침 출근 때 교외 주택가를 지나

게 되는데 나이 많이 든 영감님이 벤치에 홀로 앉아 있는 것을 보게 됩니다.
레이니 교수는 그 영감님께 처음에는 손을 흔들어 인사를 합니다.
우리가 말하고 있는 적은 친절을 베푼 것입니다.
시간이 지나면서 두 사람은
마주 앉아 대화를 나누는 사이로 가까워졌습니다.
레이니 교수는 가끔 영감님 자택에 가서 커피도 만들어 마시기도 했습니다. 레이니 교수는 에모리대에서 신학을 가르치는 교수입니다.
두 사람의 대화는 신과 인생,
늙음 등의 흥미진진한 것이겠죠.
A 씨 이야기는 다음으로 계속된다.

179

어느 날이었습니다.
레이니 교수는 그날 아침 그 자리에 앉아있을 영감님이 보이지 않는 것입니다.
레이니 교수는 의아해했습니다.

언제나 일찍 나와 벤치에서 기다리던 영감님이었습니다.

레이니 교수는 영감님 댁으로 찾아갔습니다.

영강님 댁에는 많은 사람들이 모여 있었습니다.

레이니 교수는 자신을 밝히고

아침 인사차 왔노라고 말하자.

어느 분이 영감님은 어젯밤에 세상을 떠나셨다고 말하면서

영감님께서 당신에게 전해달라고 부탁했다고 하면서 편지를 주는 것이었습니다.

편지에는 그동안 나의 좋은 친구가 되어 주었고 고독한 나를 위로해주었으며 좋은 대화로 행복하게 해준데 대해 감사하다는 내용의 글이 담겨 있었습니다.

그러면서 당신에게 코카콜라 주식 5%(당시 시가 1억 5백만 달러) 현금 5천만 달러를 드리니 받아달라는 것이었습니다.

그 돈은 당신이 원하는 데로 사용하며 아무 조건이 없다는 것이었습니다.

레이니 교수는 그때야 비로소 그 영감님이 코카콜라 소유주 로버트 우드러프라는 것을 알게 됐습니다.

레이니 교수는 뜻밖에 생긴 거금을 어떻게 처리해야

할지 고민했습니다.
(레이니 교수가 받은 돈은 70년대 초반으로 현재 화폐 가치로는 약 2조 규모다)
레이니 교수는 고민 끝에 전액을 그가 재직하고 있는 에모리대에 기부했습니다.
A 씨 설명이다.
아름다운 이야기네요.
B 씨 대답이다.

180

멜빈 던마르는 라스베이거스에서
주유소를 운영하는 평범한 청년이었습니다.
어느 날 네바다주 사막에서 라스베이거스로
트럭을 운전하면서 가는 길이었습니다.
허름한 차림의 노인이
길거리에서 있기에 차를 멈추고 차에 탈 것을 권유했습니다.
노인은 라스베이거스까지 갈 수 있느냐고 물었고 멜빈 던마르는 그럴 수 있다고 대답했습니다.

노인은 목적지에 도착. 차에서 내리면서 던마르에게 명함을 요구하면서 자기는 하워드 휴즈라는 사람이라고 밝혔습니다.

던마르는 호주머니에서 25센트 동전을 꺼내 노인에게 버스비로 드렸습니다.

던마르는 하워드 휴즈라는 사람이 어떤 사람이라는 것을 알지 못했습니다.

그가 미국의 최상위 갑부라는 것도. 사업가, 영화제작자, 항공기 제작자, 자선가라는 사실을 알 수가 없었습니다.

더구나 대인기피증으로 그를 만나기가 거의 불가능한 사람이란 것도 몰랐습니다.

얼마 후 하워드 휴즈의 사망 기사가 신문에 나고 유산 상속인 중 한 사람으로 본인이 끼어있다는 것을 보고 깜짝 놀랐습니다.

하워드 휴즈가 남긴 재산은 25억 달러였으며

던마르에게는 1/16. 2000억 원이 주어진 것입니다.

미국에서 회자되는 "25센트의 기적"입니다. A 씨 설명이다.

작은 친절의 힘이 어마어마한 결과를 가져왔네요.

B 씨 말이다.

181

ㄱ 씨는 누구나 알고 있는 명품 아파트에 40년 넘게 살고 있습니다.
어느 날 저녁 시간에
10층에 살고 있는 이웃의 방문을 받았습니다.
ㄱ 씨는 7층에 살고 있습니다.
오랜 시간 동안 이웃으로 살아오지만, 왕래가 있는 처지는 아닙니다.
서로 눈인사만 나누는 정도였으며 직업이 무엇인가도 서로 알지 못하는 것입니다.
ㄱ 씨는 그런 이웃의 방문에 약간 의아해했습니다.
그런데 방문한 이웃은 바로 내일 이사를 가게 되어 작별인사차 왔다는 것입니다.
그동안 몇몇 이웃들이 이사를 갔지만 이렇게 찾아와 인사를 하는 가족은 처음이었습니다.
더구나 손에는 소형 프라이팬을 들고 있었으며 선물로 드리니 받아달라는 것이었습니다.
ㄱ 씨는 감동했습니다.
이사 가는 사실을 알려주는 것만으로도 충분히
고마운데 좋아 보이는 신형 프라이팬까지 선물해주다니

ㄱ 씨와 그 가족들은 기회 있을 때마다 그런 사람들은 "잘 되어야 해" 하면서 그 가족이 행복하게 지내며 하는 일들이 성공하기를 빌어주는 것입니다.

A 씨 설명이다.

다른 하나의 작은 친절 이야기네요.

그 가족들은 축복받겠네요.

B 씨 대꾸다.

182

하버드대 조지 베일런트 교수팀이 조언해주는 행복의 조건 7가지를 보면 우리가 흔히 듣는 것들입니다.

1. 긍정적인 삶의 태도
2. 원만한 결혼생활
3. 알맞은 교육
4. 규칙적인 운동
5. 금연
6. 금주 혹은 적절한 음주
7. 적절한 체중 등입니다

1번의 긍정적 삶의 태도는

어려움을 당했을 때 이에 대처하는 성숙한 자세를 뜻합니다.
이에 대해서는 어느 하나의 잣대로 말하기는 어렵습니다.
베일런트 교수팀은 행복은 사람의 힘으로 통제할 수 있다고 말합니다.
그들이 말하는 행복의 조건 7가지가 정답이라면
사람들의 통제에 따라 행복이 이뤄질 수 있죠.
동양에서 이해하고 있는
행복은 운명이다와는 사뭇 다르죠.
고대 그리스에서도 사람이 아플 때 신의 노여움 때문이라고 보고 아폴로 신전에 제물을 바치고 쾌유를 빌었으니까요.
베일런트 교수팀 7개 조건 대부분이 규칙적인 운동, 금연, 금주, 적절한 체중 등
개인이 노력만 하면 가능한 것이죠.
A 씨 설명이다.
그러네요.
7가지 조건에 부와 권위 등이 들지 않는 것이 눈에 뜨이네요.
B 씨 말이다.

183

베일런트 교수팀은 7가지 조건 이외에도 잘 늙어가는 사람들이 갖는 자질로

다음 4가지를 들고 있습니다.

첫째 미래지향성입니다.

미래를 예견하고 계획하고 희망을 갖는 능력입니다.

둘째 감사와 관용의 능력입니다.

물컵에 반이 남아있는 것을 보고 반밖에 없다고 불행해 하는 것이 아니라, 아직도 반이 있다고 행복해하는 능력입니다.

셋째 자질은 다른 사람의 처지에서 세상을 바라볼 줄 아는 능력입니다.

다른 사람을 이해하고 사랑할 줄 아는 것입니다.

넷째 다른 사람들이 나를 위해 무엇을 해주기를 바라고만 있는 것이 아니라, 다른 사람들과 어울려서 함께 일을 해소하려고 노력하려는 성향입니다.

나이가 들수록 빗장을 확 열어놓고 살 필요가 있다는 것입니다.

A 씨 설명이다.

아름답게 늙어가는 모습은 동서양이 닮아 보이네요.

B 씨 이야기다.

184

하버드대 연구팀은 1930년대 말 하버드 2년생 268명을 70년 동안 추적하면서 그들의 생애를 살펴본 것입니다.
그중 짐 하트 씨를 인터뷰해봤습니다.
그는 평범하게 살아온 사람입니다.
그는 그 역시 권력과 지위와 성공을 원할 때가 있었어요.
거대 기업의 사장이 되어있는 동창생을 보면 부러울 때가 있었다고 솔직히 말했다.
그러면서 덧붙이기를
"모든 바람이 한낱 허영에 지나지 않는다고 결론 내렸어요.
내가 늘 가슴속에 바랬던 것은 가족관계를 훌륭하게 유지하는 거예요. 그리고 내 아이들이 행복하고 올바르게 살아가도록 기반을 마련해주는 겁니다.
많은 사람들이 자기가 하는 일을 너무 떠벌리는 것이

문제예요."

하트는 자기 방식으로 살았고 그 결과 그를 소극적이라고 비평했던 동창생들보다 훨씬 행복한 노년에 이르렀다.

"매 순간 감사하면서 충실하게 살아야 해요.
현재는 안중에도 없이 과거에만 매달려 있거나,
미래만 기다린다면 삶이 주는 놀라운 기적을 가질 수 없어요.
우리의 인생은 짧디짧지만, 우리에게 맞는 인생을 가꾸어가다 보면 불멸성과 비슷한 무언가를 얻게 됩니다."

A 씨가 전하는 짐 하트 씨 말이다.
좋은 수채화 그림을 보는듯하네요.
B 씨 대답이다.

185

롤프도벨리 씨는 독일, 스위스 등 유럽에서 유명한 지식인이다.

그는 스위스 항공사의 임원, 자회사의 CEO로 유능한 경영인이었다.
어느 날 사표를 내고 인류의 보다 나은 삶을 위한 저술 활동을 시작했다.
어떻게 해야 바람직하게 살 수 있을까?
운명은 어떤 역할을 할까?
돈은 어떤 역할을 할까?
행복의 정체는 뭘까?
이런 화두를 던지고 해답을 찾으려고 노력하는 것이다.
그는 사실 좋은 삶은 대단한 무언가를 추구하기 이전에 멍청한, 어리석은 것, 잘못된 것 등을 피할 때 이루어진다고 말한다.
그가 펴낸 “스마트한 생각들”, “스마트한 선택들”들은 40여 국에 번역되어 250만 부 이상이 팔렸다.
최근 그는 “불행 피하기 기술”이라는 새로운 책을 펴냈다.
책 제목을 “행복을 얻기 위한 영리한 기술”이라고 해도 무방해 보인다.
우리나라에서도 베스트셀러 대열에 올라있다.
유럽 쪽의 한 지식인. 철학자도 아닌 사람이 행복이라는 철학적 주제에 접근하는 것이 흥미롭다.

A 씨 설명이다.
B 씨도 동감한다.

186

도벨리 씨는 좋은 삶을 방해하는 것은 무엇일까라는 질문에
좋은 삶을 원한다면 일에 대한 건설적인 해석이 중요하다고 대답한다.
만약 과속으로 과태료 고지서가 날아오면 어떻게 할까?
예전에는 교통경찰관에게 잘 봐달라고 사정하거나 화를 내기 마련이었다.
지금은 기꺼이 납부한다.
그 금액을 내 기부계좌에서 차감한다.
기부계좌란 좋은 데 쓰기 위해 1년에 일정액을 떼어놓은 계좌를 말한다.
심리학에서는 이런 단순한 트릭을 심리계좌(mental accounting)라고 말한다.
심리계좌란 우리가 흔히 범하는 생각의 오류를 지적하

는 용어로, 우리가 같은 돈이라도 어떻게 받았는지에 따라 다르게 대하는 데서 착안했다.

만일 당신이 길에서 1만 원을 줍는다면 일해서 번 1만 원보다 쉽게 써버릴 것이다.

가난한 지역을 여행하다 지갑을 잃었다.

지갑은 찾았으나 현금은 없어졌다.

이 돈을 도난당했다고 할 것인가? 아니면 가난한 사람들에게 기부한 것으로 생각할 것인가?

일어난 일을 어떻게 생각할 것인가는 당신에게 달렸다.

A 씨 설명이다.

B 씨는 약간 어리둥절하다.

187

도벨리 씨는 40세쯤에 신을 찾아 나선 일이 있었다.

물론 그는 무신론자다.

베네딕트 수사들이 받아주어 수도원에 여러 주 머물렀는데 TV도, 인터넷도, 핸드폰 신호도 수도원 벽을 뚫고 들어오지 못한다.

말하는 것이 금지되어 식사 중에도 고요를 누릴 수 있었다.

그는 신을 만나지는 못했지만, 심리계좌 트릭을 하나 발견했다.

돈에 관한 것이 아니라 시간에 관한 것이었다.

수도원의 식당에는 식사 도구가 약 20센티 길이의 검은 박스에 담겨있는데,

이 나무 상자는 영판 시신을 안치하는 관처럼 보였다.

식사 때가 되면 사람들은 자기의 관뚜껑을 열고 포크와 나이프를 꺼내는 것이다.

"사실 넌 이미 죽어야 했던 몸이야. 이제부터 주어지는 모든 시간은 선물이야"

라는 의미였다.

최고의 심리계좌였다.

그렇게 해서 그는 화를 내는 데 시간을 소비하지 않고 주어진 시간을 소중하게 쓰게 되었다.

불필요한 짜증과 흥분으로 심신을 갉아먹지 않으면 적어도 1년을 더 살게 될 것이라고 생각하자.

결론적으로 당신은 시간이나 돈의 손실을 되돌릴 수 없지만 새롭게 해석할 수는 있다.

188

당신이 탄 비행기는 어느 정도로 자기 항로를 고수할 것이라고 생각하는가.

90퍼센트? 70퍼센트?

정확한 대답은 결코 자기 항로를 고수하는 일이 없다는 것이다.

우리는 비행기를 타고 있을 때 보조날개가 1초당 1천 번 정도 흔들리고 있는 것을 볼 수 있다.

자동조정장치는 정상궤도에서 얼마나 벗어났는지를 보조날개에 신호를 보내고 보조날개는 항로 고수를 위해 흔들리고 있는 것이다.

우리의 삶도 비행기와 마찬가지다.

삶이 계획대로 예상대로 진행될 수 있다면 우리는 최적의 출발 상태.

즉 설정(set-up)에만 신경 쓰면 된다.

하지만 유감스럽게도 삶은 그렇게 되지 않는다.

우리의 삶은 계속해서 난기류를 겪고 예기치 않은 날씨 변화와 싸워야 한다.

그러나 우리는 순진한 아마추어 조종사처럼 좋은 날씨만 예상한다.

이룩한 뒤 수정의 기술이 더 중요하다.
자연은 이를 수십만 년 전부터 알고 있었다.
A 씨 설명은 계속된다.

189

어느 날 완벽하게 잘 맞는 커플이 결혼생활이 파경을 맞았다는 소식을 들더라도 놀랄 것은 없다.
설정을 과대평가했던 것이다.
파트너와 5분 이상 같이 살아본 사람은 알고 있지 않은가. 계속해서 섬세하게 조율하고 고쳐나가지 않으면 안 된다는 것을.
모든 파트너 관계는 끊임없이 가꾸고 노력해야 한다.
가장 흔한 오해는 좋은 삶을 "어떤 상태"로 여기냐는 것이다.
좋은 삶은 지속해서 조정해 나갈 때만 가능한 것이다.
인격적 성숙도 비슷하다.
당신은 인격이 성숙하고 지혜로운 사람을 최소한
한 사람은 알고 있을 것이다.
그 사람이 그런 훌륭한 인격을 가지게 된 것이 설정

(완벽한 출신 배경, 모범적인 부모, 엘리트 교육) 때문이었는가,
아니면 오히려 어려움을 딛고 자신의 부족함을 고치며 끊임없이 성장해온 결과였는가.
이상적인 교육도 없으며
유일한 삶의 목표도 없다. 최상의 직업 같은 것도 없다.
하나의 설정으로 시작해서 계속해서 조절하고 조율해 나갈 수 있을 뿐이다.
불충분한 것은 신속하고
지속적으로 바꾸어가면서 "수정의 기술"을 익혀가는 것이다.
A 씨 설명이다.
행복을 보는 시각이 신선하네요.
B 씨 대답이다.

190

당신이 다이너마이트를 가득 실은 화물트럭을 몰고 일직선으로 뻗은 좁은 길을 달린다고 하자.
그런데 맞은편에서도 똑같이 다이너마이트를 실은 화물차가 오고 있다.
누가 먼저 비킬까?
당신이 상대 운전자에게 당신은 절대 비키지 않는 신념을 가지고 있다는 것을 납득시킬 수 있다면 상대방이 먼저 비키고 당신이 이길 것이다.
"혁신기업의 딜레마" 저자이자 세계적인 경영사상가인 클레이튼 크리스텐슨 하버드대 교수는 독실한 모르몬교 교도로 교의 서약을 이행하는 삶을 살고 있다.
서약은 어떤 약속을 꼭 지키겠다는 것으로 약속보다 상위개념이다.
그는 주말에는 절대로 일을 하지 않으며 가족들과 저녁을 함께하기 위해 새벽 3시에 출근해서 일하기도 한다.
신 앞에 한 서약을 지키기 위해서다.
모든 것이 돌고 도는 시대에 융통성은 우리가 발휘할 수 있는 자산이 아닐까?

하지만 다르게 생각한다.
중요한 문제에 있어서 융통성은 유익이 아니라 함정이 될 때가 많다.
융통성은 당신을 불행하고 피곤하게 만들 수 있다.
서약을 하고 그 서약을 지켜라.
A 씨 설명이다.
B 씨도 경청한다.

191

비행기 추락사고 때 블랙박스는 꼭 찾아내야 하는 부품이다.
추락원인을 밝혀낼 수 있기 때문이다.
블랙박스가 생겨난 과정을 보면 그것이 얼마나 유용한 도구인가를 알 수 있다.
영국의 드 하빌랜드 코메트1은 세계 최초의 제트여객기 기종이었다.
이 여객기들이 1953년과 54년에 잇따라 수수께끼 같은 추락사고를 당했다.
모두 공중폭발사고였는데,

한 대는 이륙 직후 캘커타 공항에 추락했고 한 대는 엘바섬을 횡단하다 산산조각 났다. 다른 한 대는 나폴리 앞바다에서 추락했다.
모두 생존자는 없었다.
코메트 항공기는 비행 금지 후 재개됐으나 재개 2주 후 다시 추락사고로 코메트1 기종은 폐기되고 말았다.
이후 정밀한 조사 결과 사각형 모양의 창문이 문제였다는 것이다.
비행기는 높은 고도에서 비행하는데 기체가 수축과 팽창을 거듭하는 피로도가 쌓여 사각형 문에 균열을 만들고 결국 몸통으로 번져 기체가 산산조각 난 것이다.

오늘날 비행기의 창문이 타원형인 것은 이 때문이다.
그런데 코메트1 사고 원인을 조사하는 과정에서 한 가지 예상하지 못한 수확을 얻었다.
조사위원이었던 데이비드 워런이 사고 시에도 파손되지 않고 보존될 수 있는 비행기록장치를 장착하자고 제안했고 이 제안이 받아들여져 블랙박스가 탄생한 것이다.
A 씨 설명은 계속된다.

192

모든 추락은 미래의 비행을 더 안전하게 만들어준다.
이 원칙은 삶의 분야에서도 적용될 수 있다.
생각 도구에 대한 책을 쓴 메슈 사이드가 블랙박스 사고(Black box thinking)라는 개념을 만들어내 우리 삶에 도입했다.
우리는 블랙박스가 필요하다.
비행기록은 여과 없이 모든 것이 기록된다.
당신 자신의 블랙박스를 만들어라.
당신이 중요한 결정을 내리는 순간 머릿속을 스치는 모든 가정, 생각, 결론을 기록해보라.
당신의 결정이 잘못된 것으로 드러났다면 블랙박스를 찾아보고 어떤 생각이 실수로 이어졌는지 분석해보라.
실수한 원인을 하나씩 밝혀가다 보면 당신의 삶은 더 바람직해진다.
실수한 원인을 설명할 수 없으면 세상이나 자기 자신을 이해할 수 없다.
달리 말하면 추락을 설명하지 못하면 다시금 추락하게 된다.
따라서 집요한 분석이 필요하다.

마치 코메트1 비행기의 사각형 창문을 찾아내듯이.
A 씨 설명이다.
유럽 쪽의 젊은 지식인의
생각 수준도 대단하네요.
B 씨 대답이다.

193

제임스 딘 효과(James Dean Effect)라는 연구가 있다.
인생의 절정기에서 사망함으로써 오래 기억되는
현상이다.
케네디 대통령도 이에 해당하는 것이다.
제임스 딘은 교통사고로
사망할 때 그의 나이는 겨우 24살이었다.
그의 약간 우수에 젖은 듯한 얼굴 표정, 연기력은 세계인의 사랑을 한몸에 받았다.
그래서 그가 너무 일찍 사망한 것을 지금까지도 아쉬워하는 것이다.
최근 미국에서 대학생들에게 두 가지 인생에 대해
설문해보았다.

A와 B는 모두 미혼이고 능력 있고 사교적이고 인정받는 사람인데 A는 30세에, B는 35세에 교통사고로 사망했다.
5년을 더 산 B는 그 5년 동안의 삶이 약간 하강기였다.
누구의 삶이 나아 보이는가.
대학생들은 A의 삶에 점수를 더 주었다.
이 케이스에 나이를 40세를 올려보아도 된다.
대단히 어려운 문제다.
흔히 말하는 짧고 굵게, 가늘고 길게의 문제다.
도벨리 씨는 누가 더 오래 사나를 시합하는 것은 천박한 일이다.
좋은 죽음보다는 좋은 삶이 훨씬 낫다.
어떻게 하면 좋은 삶을 살까에 시간을 보내라고 말한다.
A와 B 씨는 퍽 난해한 문제라고 생각한다.

194

A와 B 씨는 티켓 판매소에
거의 다다랐다

18시간이나 줄을 서서
다가왔다.
피곤이 쌓이고 갈증에 시달렸다.
행복에 다가가는 것이 쉽지 않다.
현대를 "행복 피로 시대"라고 말하기도 한다.
행복해야 한다는 생각 때문에 오히려 피곤하다는 것이다.
사람들은 행복 강박증에 시달린다.
역설적이다.
현대는 불행의 시대인가.
인류가 살아온 수천 년의 시간 속에서 불행의 분량이 가장 많다는 시대라는 것인가.
그렇다면 왜 그런가?
무엇이 그렇게 만들었나?
귀족, 노예제가 사라졌고
모든 사람이 평등해졌는데도 불행의 분량이 증가했다면 이상하지 않은가?
21세기는 경제적으로 가장 풍요롭지 않은가.
물질적으로 잘살고 있는 시대에 불행의 분량은 반비례로 늘어나는 것은 이상한 일이다.
A와 B 씨는 고민을 하지 않을 수 없다.

195

어느 시대를 막론하고 불행은 존재했다는 것을 알아야 합니다.

일부 학자들은 불행도 삶의 일부라고 말하고 불행과 친해지라고 조언합니다.

풍요로운데도 불행하다고 생각하는 사람들이 더 많아지는 것은 결국 행복은 물질의 문제가 아니라는 것을 의미합니다.

프랑스 정신과 의사 꾸뻬 씨 사무실이 있는 곳은 파리에서도 부유층이 사는 곳인데도 정신과 병원이 파리시의 모든 정신과 병원을 합한 것보다 많은 것입니다.

꾸뻬 씨는 모든 것을 가졌는데도 자기는 불행하다고 생각하는 사람이 많다고 고백합니다.

"풍요 속의 빈곤" 어느 경제학자의 말은 현대사회의 어려움을 잘 지적한 것입니다.

불행과 친해지겠다는 생각을 해보는 순간 행복의 근방에 가 있는지도 모릅니다.

하버드대 조지 베일런트 교수가 말하는 행복해지는 조건 중의 하나가 삶의 성숙한 태도입니다.

불행을 마주쳤을 때 이에 대처하는 태도입니다.

정주영 현대그룹 창업 회장님의 "시련은 있어도 실패는 없다"라는 말은 두고두고 씹어볼 만한 명언입니다.
A와 B 씨는 정주영 현대그룹 창업 회장 행복 접근법을 생각해 보았다.

196

정주영 회장님도 난관에 부딪힌 때가 있었죠.
6·25전쟁 중에 부산에서 현대건설을 설립, 건설 분야에서 사업을 하는 때입니다.
당시 최대의 프로젝트로 주목받았던 경부선 삼랑진역에서 마산으로 이어지는 기차 철교를 연결하는 공사였습니다.
이 공사는 마산, 진주 쪽
서부 경남을 잇는 아주 중요한 것입니다.
전쟁 중에 폭격으로 철교가 파괴되어 서부 경남 방향 기차가 중단되어 있었죠.
정 회장님은 공개경쟁 입찰에서 공사를 따냈습니다.
그런데 난관은 여기서부터 시작됐습니다.
전시 중이기 때문에 철근, 시멘트 등 건설자재 공급이

제대로 되지 않은 것입니다.
철근값이 하루 사이에
몇 배씩 오르는 것입니다.
건설자재 인플레이션은 걷잡을 수 없이 치솟아
그 속력대로라면 공사를 준공하려면 입찰가의 4~5배가 넘는 공사비가 들어가게 된 것입니다.
현대건설은 이 프로젝트로 존폐의 기로에 서게 된 것입니다.
A 씨 설명은 계속된다.
B 씨도 자신이 그 경우를 당했다면 어떻게 할 것인가를 생각해 보았다.

197

정 회장님은 어느 날 정부조달청장의 전화를 받습니다.
그의 사무실에서 만나자는 것이었습니다.
정 회장님은 조달청장으로부터 꽤 선택이 어려운 제안을 받은 것입니다.
조달청장은 전시하 인플레이션은 통제할 수 없는 상황이고 이대로라면 현대건설의 파산은 불가피하니 입찰을 취소하는 것이 어떻냐는 것입니다.
당신이라면 어떻게 할 것인가.
정 회장님은 조달청장의 제안에 답변하는데 시간이 오래 걸리지 않았습니다.
현대건설이 준공을 시키겠다는 것이었습니다.
만난을 무릅쓰고라도 입찰을 따냈을 때의 정신, 약속을 지키겠다는 것입니다.
여기서 정 회장님의 "신용은 생명이다"라는 명언이 탄생했습니다.
정 회장님은 이 문제에 대해 두 가지 견해를 밝혔습니다.
하나는 그 공사가 국가적으로 대단히 중요하기 때문에 한 기업의 이해가 우선할 수가 없다는 것이고 다른 하나는 약속은 꼭 지켜야 한다는 신념에서 비롯됐다는 것입니다.
A 씨 설명은 계속된다.
B 씨는 흥미 있는 것이다.

198

정주영 회장은 결국 삼랑진 철교를 완성시켰고 서부

경남지역의 끊겼던 교통을 잇게 한 것입니다.
마산, 진주 등 서부 경남지역의 교통의 동맥을 이어준 것입니다.
정 회장은 공사 기간도 늦지 않았습니다.
다만 건자재 수급 부족으로 공사비가 입찰금액의 3배가 넘게 들었으며 고리 사채에 의존했던 것입니다.
정 회장의 이런 선택은
이승만 대통령에게까지 알려졌으며 수복 후, 전후 복구 공사 중 정부 부분은 현대건설을 우선하도록 하는 보너스를 받게 된 것입니다.
신념을 관철한 대가로 얻어진 행복인 것입니다.
정 회장님의 행복관은
다음 경우에서도 독특합니다.
70년대 중반 이란과
10억 달러 규모 프로젝트가 성사 직전 무산된 일이 있습니다.
정 회장은 "아무렇지 않다. 다음에 더 좋은 일이 일어날 징조다."라고 말하는 것입니다.
A 씨 설명이다.
정 회장님 연못이 얼마나 깊은지 짐작할 수 없네요.
B 씨 말이다.

199

정주영 회장의 "신용은 생명이다"라는 신념이 얼마나 강력한가는 다음 일화에서 증명됩니다.
정 회장님은 70년대 중반 현대조선(현재 현대중공업)을 설립하기로 결심합니다.
당시 현대건설은 국내 건설업계 부동의 1위 기업이지만 건설업만 가지고는 성장의 한계가 있기 마련으로 조선산업에 진출하는 것입니다.
당시 세계 조선산업계는 일본이 최강자로 세계 조선산업을 지배하고 있을 때입니다.
정주영 회장은 영국 런던으로 날아갑니다.
런던은 원유를 수송하는 유조선 발주계약이 이루어지는 곳입니다.
그리스의 선박회사에서 30만 톤급 대형 유조선을 발주하기 위해 조선사를 찾고 있다는 정보를 듣고 간 것입니다.
당시 30만 톤급 유조선은 세계 최대입니다.
일본, 노르웨이 등 세계 유수의 조선사들과 경쟁입니다.
정 회장은 그리스 선박회사 사장에게 울산 바닷가 뻘

바탕의 사진을 내보이면서 "앞으로 이곳에 조선소를 조성, 유조선을 만들 계획이다"라고 말하면서 일을 맡겨주면 틀림없이 기일 내에 배를 만들어드리겠다"라고 약속했다.
그리스 선주는 정 회장의 약속, "신용"을 믿고
현대조선을 선택한 거죠.
그리스 선주는 정 회장의 신용을 미리 알고 있었던 것입니다.
높은 수준의 신용은 이런 어마어마한 행운을 불러드리는 것입니다.
A 씨 설명이다.
현대조선에게만이 아니라 한국에게도 행운이었네요.
B 씨 대답이다.

200

A와 B 씨는 드디어 티켓 판매소 입구에 다다랐다.
문을 열고 매장에 들어섰다.
A와 B 씨는 놀랐다.
무인 판매소인 것이다.

매장 한가운데는 대형 컴퓨터만 놓여있을 뿐이다.

컴퓨터 화면에는 이렇게 쓰여있다.

행복하고 건강한 삶에도 방식과 조건이 있다.

행복해지는 12가지 방식

1. 운동을 하라
2. 좋았던 일을 떠올려보라
3. 하루를 마무리할 때 감사해야 할 일 5가지를 써보라
4. 매주 온전히 한 시간은 배우자 또는 친구들과 대화를 나누라
5. 식물을 가꾸라. 아주 작은 화분도 좋다. 죽이지만 말라.
6. TV 시청 시간을 반으로 줄여라
7. 적어도 하루에 한 번은 낯선 사람에게 미소를 짓거나 인사를 하라
8. 친구에게 전화하라
9. 오랫동안 소원했던 지인들에게 연락, 만날 약속을 하라
10. 하루에 한 번은 유쾌하게 웃어라
11. 매일 자기에게 작은 선물을 하라
12. 매일 누구에게 친절을 베풀라

201

컴퓨터 화면은 바뀌면서 다음과 같은 글이 나온다.
하버드대 조지 베일런트 교수팀 행복 조건 7가지.

1. 긍정적인 삶의 태도(어려움에 대처하는 성숙한 자세)
2. 원만한 결혼생활
3. 알맞은 교육
4. 규칙적인 운동
5. 금연
6. 금주 또는 적절한 음주
7. 적당한 체중

이 7가지 조건을 잘 지키는 사람은 노년까지 행복하다. 돈이 많고 지위가 높아야 한다는 항목이 없는 것에 주목하자.
베일런트 교수팀은 50세 이전에 7가지 조건 중 4가지 조건 이상을 지키면서 살고 있다면
행복한 노년을 맞을 수 있다고 적고 있다.

202

컴퓨터 다음 페이지는
고대 그리스 의학의 시조인 히포크라테스 편이 이어진다.

1. 지나친 모든 것은 자연을 거스르는 것이다.
2. 삶에서 가장 중요한 것은 건강이다.
3. 우리가 먹는 것이 곧 자신이 된다.
4. 음식이란 약이 되기도 하고 독이 되기도 한다.
5. 최고의 운동은 걷기이고 최고의 약은 웃음이다.
6. 적당한 양의 식사와 운동은 건강을 위한 가장 좋은 처방이다.
7. 우리 안에 있는 자연적인 힘이야말로 모든 병을 고치는 진정한 치료제이다.

203

컴퓨터는 다음 화면을 보여준다.
프랑스 정신과 의사 꾸뻬 씨가 행복을 정의한 것이다.

1. 행복의 첫 번째 비밀은 자신을 다른 사람과 비교하지 않

는 것이다.

2. 행복은 때때로 뜻밖에 찾아온다.
3. 많은 사람들은 자신의 행복이 오직 미래에만 있다고 생각한다.
4. 많은 사람들은 더 큰 부자가 되고 더 중요한 사람이 되는 것이 행복이라고 생각한다.
5. 행복은 알려지지 않은 산속을 걷는 것이다.
6. 행복을 목표로 여기는 것은 잘못된 생각이다.
7. 행복은 좋아하는 사람과 함께 있는 것이다.
8. 불행은 좋아하는 사람과 헤어지는 것이다.
9. 행복은 자신이 좋아하는 일을 하는 것이다.
10. 행복은 집과 채소밭을 갖는 것이다.

컴퓨터 화면은 여기에서 정지됐다.
다만 연락처를 입력해놓으면 더 자세한 것을
알려주겠다는 설명을 부연해 놓았다.
A와 B 씨는 18시간 넘게 줄을 서 행복티켓 판매소에 온 것을 잘했다고 생각했다.
많이 배운 것이다.
A와 B 씨는 아쉽지만, 작별인사를 하고 헤어졌다.

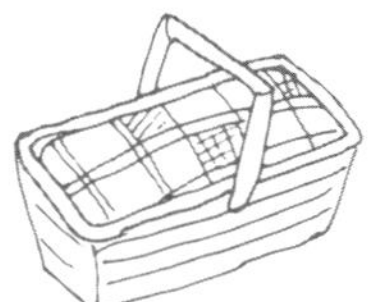